당신은 빛이자 사랑입니다

디아스포라(DIASPORA)는 독자 여러분의 책에 관한 아이디어와 원고 투고를 기다리고 있습니다. 디아스포라는 종교(기독교), 경제·경영서, 일반 문학 등 다양한 장르의 국내 저자와 해외 번역서를 준비하고 있습니다. 출간을 고민하고 계신 분들은 이메일 diaspora_kor@naver.com로 간단한 개요와 취지, 연락처 등을 적어 보내주세요.

당신은 빛이자 사랑입니다

초판 1쇄   2023년 04월 25일

–
지은이   안나
발행인   손동민
디자인   장윤진

–
펴낸곳   디아스포라
출판등록   2014년 3월 3일 제25100-2014-000011호
주   소   서울시 서대문구 증가로18, 204호
전   화   02-333-8877(8855)
팩   스   02-334-8092
이 메 일   diaspora_kor@naver.com
홈페이지   http://www.s-wave.co.kr
블 로 그   http://blog.naver.com/siencia

ISBN 979-11-87589-39-6(03180)

당신은 빛이자 사랑입니다

안나 지음

디아스포라

서문

안녕하세요. 저는 안나라고 해요. 당연히 실명은 아니고요. 이 이름을 가명으로 사용한 이유는 가장 많은 배움을 얻었던 전생에서의 이름이 안나였기 때문입니다. 제 전생이었던 그 사람을 아는 사람도 있고 모르는 사람도 있겠지만, 아마 그 생에서 제 남편이었던 사람은 많은 사람이 알고 있을 거예요. 하지만 일단 전생 이야기는 뒤로 미루고 제가 이 책을 쓰게 된 경위에 대해서 간단하게 설명할게요.

저는 분노조절장애 아빠와 자기애성 인격장애 어머니의 막내딸로 태어났어요. 가난한 집이었지만 사실 저에게 가난은 상처가 아니었습니다. 하지만 그 가난은 제 부모님의 열등감을 증폭시켰으며, 그 때문에 부모님의 분노조절장애와 자기애성 인격장애 성향이 극대화됐고, 부모님의 말과 행동은 제 무의식에 큰 영향을 미쳤습니다. 저는 도피처로 다니기 시작한 교회에서 기도하면 모든 것을 들어준다는 기독교의 하나님을 알게 되었지만, 하나님도 부모님을 변화시키지는 못했습니다.

코로나가 시작된 이후 저는 집에 틀어박혀 책을 읽기 시작했어요. 2020년 2월부터 2022년 말까지 철학책, 소설책, 심리학책, 영성책, 고전, 에세이, 자기개발서 등등 매우 많은 책을 읽었습니다. 학교 다닐 때 읽은 교과서를 포함해서 여태까지 읽은 책의 몇 배가 넘는 책을 읽었죠.

그 과정에서 저는 많은 것을 깨달았습니다. 무의식이 정화되면서 영혼의 본질을 깨달았고, 인도령을 만나서 저의 전생을 알게 되었고, 인간의 무의식을 지배하고 있는 염체들이 결국은 인간의 운명을 결정한다는 것을 알게 되었어요.

본격적으로 책으로 들어가기 전에 여러분께 말해드리고 싶은 것이 있는데, 이 책은 세상에서 말하는 성공 신화에 대한 내용이 아니에요. 막대한 부와 권력을 이루었다거나, 죽을병을 극복했다거나, 임사체험을 했다거나 하는 그런 일은 없습니다. 그리고 다른 영성책들처럼 보이지 않는 세계에 대한 진리를 설명하거나, 채널링처럼 우주의 메시지를 전달하거나, 수준 높은 지식을 말하려는 책도 아니에요. 그런 책들은 이미 많이 출판되어 있고, 인도령이 저에게 알려준 내용도 크게 다르지 않습니다. 저는 특별히 머리가 좋은 사람도 아니고, 예쁘지도 않고, 엄청난 고난과 시련을 이겨냈다거나, 신의 특별한 선택을 받은 사람도 아니기 때문에 누구를 가르칠 수 있는 사람이라고 생각하지도 않아요. 저는 그저 먹고살려고 남들 하는 정도의 노력만 하는 지극히 평범한 사람입니다. 평범한 대한민국의 30대 여성이 무의식을 정화하면서 영혼의 본질을 깨닫고, 인도령을 만나게 된 개인적인 경험만을 적었습니다.

이제 저는 저를 사랑한다는 것이 어떤 것인지 알았고, 제가 행복해야 할 순간에 그 행복을 누릴 수 있을 만큼 평안한 상태까지는 왔습니다. 그 평안이 삶에 부와 명예를 약속하거나, 앞으로 일어날 모든 일이 평탄할 것이라고 기대하지는 않습니다. 하지만 적어도 가스라이팅 당하면서 맞지도 않는 옷을 입고 광대 노릇은 하지 않을 정도의 자신감은 갖게 되었지요. 세상의 많은 책과 강사들이 자신을 사랑하라고 말하지만, '나를 사랑해야지'라고 아무리 다짐한들 내 자신을 어떻게 사랑해야 하는지도 몰랐고, 사랑의 본질이 무엇인지도 몰랐습니다. 그러나 무의식이 정화되는 과정에서의 경험은 달랐어요. 영성가들이 '깨달음'이라고 말하는, '진리'라고 말하는 경지는 에고적 욕망으로 되뇌는 수준을 능가합니다. 이전에 내가 살아왔던 세상과는 완전히 다른 세상이었어요. 이전의 나로 돌아갈 수도 없고, 나 자신을 어떻게 사랑해야 하는지 계획을 세우지 않아도 모든 것이 자연스럽게 이루어졌습니다. 이전의 내 모습이 내가 아니라, 지금의 내가 나라고 느껴졌어요.

제가 경험한 모든 것이 여러분에게 맞는 방법이라고 생각하진 않습니다. 누군가는 심리학으로, 누군가는 종교로, 누군가는 철학으로, 누군가는 저처럼 영적 깨달음으로, 개인마다, 기질마다, 문화마다, 상황마다, 다양한 길이 있겠지요. 그리고 이 길은 그 수많은 길 중 하나일 뿐입니다. 저는 말을 잘하거나 표현력이 뛰어나지 않아서 도움이 될 만한 표현은 다른 이들의 책을 인용했습니다. 저에게 일어난 모든 일이 여러분의 무의식을 정화하고 자신을 사랑하는 데 도움이 되기를 진심으로 바랍니다.

감사합니다. 사랑합니다.
당신은 빛이자 사랑이자 신입니다.

연꽃이 진흙 연못에서 피듯이 불도는 번뇌 속에서 생긴다.

– 유마경 –

차례

Part 1

이전의 나

1.

나의 엄마는
자기애성 인격장애다

결혼을 하느냐, 히키코모리가 되느냐. 코로나바이러스가 퍼지고 제주도에서의 계획이 취소되면서 둘 중 하나를 선택해야 했다. 군인인 남자친구와 결혼을 하든지, 히키코모리가 되어 방구석에서 내가 하고 싶은 대로 살든지. 아무에게도 이 고민을 말하지 않았다. 30대 후반 노처녀가 6살이나 어린 직업 든든한 남자친구를 버리고 방구석에 처박히는 삶을 선택하라고 조언하는 사람은 단 한 명도 없을 테니까. 그러나 나는 방구석을 선택했다. 이 사실을 엄마가 알았다면 나에게 온갖 비난과 분노를 퍼부었을 테지만 나는 지금도 이 선택을 후회하지 않는다. 내가 이 과정을 지나지 않았다면 내 삶은 또다시 자살로 끝났을 것이다.

이런 선택을 하는 데 가장 많은 영향을 주었던 사건이 있다. 코로나가 퍼지기 직전 제주도에 사는 친구의 집에 놀러 갔다가 정신과 상담을 받은 일이다.

제주도에서 친구와 해안도로를 드라이브하면서 꿈에 대한 대화를 나누었다. 그 당시 내 꿈은 대체로 3가지 종류였다. 첫 번째, 무거운 가방을 메고 길을 간다. 가방이 너무 무거워서 뒤로 주저앉는다. 가방을 멘 채로 일어나서 걸어가려고 계속 버둥거린다. 두 번째, 하늘을 날고 싶어서 날아오른다. 하늘이 두꺼운 종이로 막혀 있다. 종이를 있는 힘을 다해 뜯는다. 한 겹을 뜯어내니 또 한 겹이 있다. 다시 뜯어본다. 종이가 또 있다. 죽도록 종이만 뜯다가 잠에서 깬다. 세 번째, 엄마가 두 명이다. 1번 엄마는 현실 속 진짜 엄마. 2번 엄마는 자상한 엄마다. 2번 엄마는 나를 토닥여주면서 머리를 쓰다듬어주고 따뜻한 눈길로 바라봐준다. 나는 꿈에서 2번 엄마를 자주 안고 있다. 마치 추운 겨울에 샤워를 하고 따뜻한 이불 속에 들어가 있는 것처럼 포근하다. 가끔 1번 엄마와 2번 엄마가 동반 출연을 한다. 2번 엄마가 죽었다. 나는 1번 엄마에게 심한 욕설을 하고 집 안 살림을 때려 부수기 시작한다. 울다가 잠에서 깬다.

친구는 나의 꿈 이야기를 듣고 본인과 친분이 있는 정신과 선생님에게 상담을 받아보라고 예약을 잡아주었지만, 나는 가족 이야기를 아무에게도 하고 싶지 않았다. 교회에서 10년 동안 받았던 심리 치료도 아무런 도움이 되지 않았다. 그러나 친구는 종교 집단이 아닌 곳에서 상담을 받아보라고 나를 설득했다.

겨울 바다가 보이는 창가에 앉아 나는 선생님과 오랜 시간 대화를 나눴다. 사실 대화라기보다는 선생님의 질문과 나의 하소연에 불과한 것 같았다. 선생님이 말하길, 나의 엄마는 자기애성 인격장애이고, 나는 앰패스라고 했다. 이런 유형의 모녀 관계나 부자 관계가 생각보다 대한민국에 많고, 보통 자기애성은 심한 정도에 따라 나뉘는데 나의 엄마는 심한 쪽에 속하는 것 같다고 했다. 앰패스는 자기애성 인격장애의 가장 적절한 타깃이며, 특히 가정 안에서 부모 자녀 관계일 때 앰패스는 자기애성 인격장애의 감정 쓰레기통 역할까지 하게 되기 때문에 이런 경우는 부모를 멀리하는 것이 좋다고 했다. 그리고 이어 "혹시 본인이 진심으로 원하는 것이 무엇인지 생각해 본 적이 있어요? 아니면 엄마가 원하는 것이 본인이 원하는 것이라고 착각하면서 사는 것 같진 않아요? 엄마와 거리를 두고 본인이 원하는 것이 무엇인지 깊이 생각하는 시간을 가졌으면 좋겠어요. 앰패스는 직관이 뛰어나고 고차원 에너지를 잘 읽어내기 때문에 찾으려고만 한다면 금방 찾을 수 있을 거예요."라고 말했다. 그 이후 나는 인터넷과 유튜브로 자기애성 인격장애를 검색해보기 시작했다. 그리고 제대로 알게 되었다. 내 인생에서 가장 큰 상처를 남기고, 자존감을 바닥에 떨어뜨리고, 이 모든 것의 시작이 된 원인. 나의 엄마는 자기애성 인격장애다.

> 자존감을 높이고 자신에 대해 더 좋은 감정을 가지려면 자신이 누구인지를 깨달아야 한다. '사람들이 말한 나라는 삶'이나 '부모님을 기쁘게 하기 위해 되어야 했던 내 모습'이 아닌 '진짜로 나란 사람'이 어떤 사람인지를 발견해야 한다. 사실 내가 누구인지를 말해줄 수 있는 사람은 아무도 없다. 내가 어떤 사람인지를 알고 '참된 나'를 발견할 수 있는 사람은 오직 나 자신 뿐이기 때문이다.
>
> - 비벌리 엔젤, 《좋은 부모의 시작은 자기 치유다》(2009)[1] -

자기애성 인격장애를 가진 사람의 자식은 크게 두 가지로 분류할 수 있다. 열등감을 해결해주는 골든차일드와 감정 쓰레기통 역할을 하는 스케이

프고트다. 엄마는 오빠와 나 사이에서 이 두 가지를 오가면서 자신의 열등감을 해결했다. 나의 존재가 타인 앞에서 돋보이는 사건이 있거나, 성적을 자랑할 만하거나, 다른 사람들이 나의 외모를 칭찬할 때는 한없이 잘해주고 자랑삼다가, 본인이 원하는 모습이 아니면 가차 없이 내치고 비난하고는 냉혹하게 돌아서서 오빠에게 애정을 쏟는 것이다. 사랑받고 싶은 나는 엄마가 원하는 행동을 해주려고 노력했다. 그 과정에서 내가 겪은 정신적 고통은 이 책에 전부 담아내지 못할 것이다. 자신의 관종적 성향을 채우기 위한 이중적 태도와 교묘한 심리전, 내가 타인으로부터 받는 사랑과 관심에 대한 시기 질투, 자신이 누리지 못하는 것을 내가 누리는 것에 대한 불평불만, 나를 자신이 원하는 모습으로 만들기 위해 했던 비판과 집착, 나를 자신의 감정 쓰레기통 삼아 쏟아내던 부정적인 말들까지. 정신과 선생님 말대로 나의 앰패스적 성향은 엄마의 희생양이 되기에 충분했다. 나는 이 모든 것에 예민하게 반응했고, 휘둘렸으며, 결국 내가 누구인지도, 무엇을 원하는지도 모르고 살아왔다.

정신과 선생님을 만난 이후 엄마의 성격 형성 원인을 찾기 위해 심리학 관련 서적을 읽고 인터넷을 검색해 봤으나 엄마는 어느 쪽에도 해당사항이 없었다. 자기애성 인격장애가 되려면 부모님 두 분 중 한 분이 그런 성향을 가지고 있거나 성장 과정에서 비난과 비교로 열등감을 느낄 만한 사건이 있어야 했다. 어린 시절 나는 외할머니 외할아빠와 같이 살았기에 그분들의 온화한 성품은 이미 잘 알고 있었고, 엄마의 일곱 형제 중 아무도 엄마와 비슷한 성향이 없었다. 구태여 찾으라고 한다면 엄마의 외모와 학벌이 주는 열등감을 찾을 수 있겠지만 그것을 원인으로 결론 내릴 수 없었다. 그 시대에 고졸인 학벌은 흔했고, 외모가 독특하기긴 하지만 중고등학교 시절 사진으로 보면 그렇게 뒤떨어지는 외모도 아니었기 때문이다. 그저 타고난 기질 자체가 그렇다고 이해하는 수밖에는 없었다. 그럼 과연 타고난 기질은 어디에서 오는 것일까.

자기애성 인격장애 부모의 자녀는 자신이 원하는 사랑을 받기 위해 부모가 원하는 것을 해주려고 노력한다. 그러나 돌아오는 것은 비난과 질책뿐이고, 결국 자녀들의 마음속에는 부모에 대한 분노가 쌓이게 된다. 부모에게 분노를 풀지 못하는 자녀의 무의식 안에는 시한폭탄 같은 분노가 도사리고 있다가 자제력을 잃게 되면 의식의 표면으로 치솟아 오른다.

영화 〈사도〉를 보면 자기애성 인격장애 아빠 때문에 자식의 무의식에 파고든 분노가 삶을 얼마나 고통스럽게 좀먹는지 여실하게 보여준다. 나는 영화에서 사도세자가 보여주었던 분노의 광기를 이해할 수 있다. 왕세손이었던 사도는 높은 위치에 있으니 분노 표출이 가능했을 뿐이고, 나는 세상에서 갑이 아니었으니 표출하지 못했을 뿐이다. 그렇게 표출하지 못하고 무의식에 숨어 있던 분노는 대학교 때 술을 마시기 시작하면서 의식의 표면 위로 드러나기 시작했다.

대학교 1학년 때 같이 알바를 하던 친구들과 회식을 하다가 깨진 소주잔으로 손목을 그은 적도 있었고, 대학교 MT에서 화장실 거울을 주먹으로 깬적도 있었다. 대학교 3학년 때는 간호학과에 다니는 친구의 집에서 주사기로 손목을 찔러 자해를 한 적도 있었다. 나의 무의식에 잠잠히 숨어 있던 분노는 술에 취하기만 하면 의식 위로 튀어 올라 자기 파괴적 행동을 하도록 만들었다. 나는 내 모습이 수치스럽고 부끄러워서 그 이후로 다른 사람들

앞에서 술 취한 모습을 보이지 않으려고 노력했다.

그러나 술을 마시지 않는다고 무의식에 숨어 있던 분노가 사라지는 건 아니었다. 분노는 꿈속에서 반복적으로 표출되었다. 게다가 나의 분노에 대한 원인이 엄마에게만 있는 것은 아니었다.

온화한 사람 내부에는 억눌린 공격성이 숨어 있다. 그림자는 의식적 인격에 반대되며 의식적 인격에 부족한 것을 보충한다. 자기 자신을 알기 위해서는 먼저 언제 어떻게 그림자가 자신의 삶에 등장하는지 살펴야 한다. 우리가 자신의 그림자에 대해 더 많은 것을 알수록, 그림자는 점점 더 본체와 하나가 되고 점점 덜 위험해진다. 문명화된 사회에서는 그림자의 주된 부분은 바로 공격성이다. 왜냐하면 문명화된 사회성은 공격성을 용납하지 않기 때문이다. 우리가 생각하는 이상적인 자기 모습, 다시 말해 페르소나 때문에 우리는 자신의 그림자를 밖으로 드러내지 못한다. 페르소나에게 가장 중요한 것은 다른 사람들에게 인정받는 것이다.

– 대릴 샤프, 《생의 절반에서 융을 만나다》(2009)[2] –

2.

**나의 아빠는
분노조절장애다**

1980년대부터 대한민국의 도시화율은 50%를 넘어서고 있었다. 나의 부모님도 그 대열에 합류하여 도시에서 신혼생활을 시작했지만 아무 능력도 자금도 없는 그들이 할 수 있는 일은 한정되어 있었고, 거주할 수 있는 집도 한정되어 있었다. 셋방살이. 이 지겨운 셋방살이는 내가 초등학교 2학년이 될 때까지 계속되었다. 겁이 많은 나는 재래식 화장실을 제외하면 부모님과 같이 잘 수 있어서 좋았지만, 부모님 입장에서는 4인 가족이 쪽방에서 살고 있는 상황이 지옥 같았을 것이다. 가난이라는 현실은 아빠의 열등감과 권위적 성향을 자식들에게 폭력으로 표출하기에 좋은 구실이었다.

아빠의 분노는 항상 갑작스러웠다. 마음의 준비를 할 사이도 없이 날아오는 폭력과 폭언은 어린 오빠와 나에게 가차 없이 내리꽂혀 마음에 큰 상처를 남겼다. 갑작스런 분노 표출, 극단적인 말투, 항상 화가 난 듯한 표정은 자식들에게만 국한된 것이 아니었다. 아빠는 부모님과 형제들에게 잘해주려고 노력했지만 그의 순간적인 감정 기복은 히말라야 정상과 환태평양 조산대의 해구를 넘나들며 극단적인 말을 쏟아내 상대방의 마음을 상하게 했고, 결국 주변의 많은 사람과 멀어지게 했다. 나는 아빠가 불쌍했다. 사람들에게 잘해줘도 그들이 아빠를 싫어했기 때문에 불쌍한 것이 아니라, 같은 일이 아무리 반복이 되어도 그것이 자신의 말과 행동 때문이라는 것을 깨닫지 못하는 것이 불쌍했다. 상대방에게 무언가를 해주는 게 그 사람에게 함부로 할 수 있는 권위를 부여하는 것이 아님에도 아빠는 그 두 가지를 같은 것으로 생각하는 듯했다. 그래서 자식들에게 폭력을 휘둘러도 정당화된다고 생각했던 것일까?

아빠는 화가 나면 손에 잡히는 모든 물건을 무기로 사용해 오빠와 나를 때렸다. 그중 가장 많이 사용한 것은 가죽 허리띠였다. 아마 아빠의 손에 제일 쉽게 잡히는 도구였기 때문이었던 것 같다. 이 허리띠는 한 번 맞을 때마다 찰진 소리와 함께 선명한 넓적 당면 모양의 시뻘건 자국을 남겼다. 눈에 보이지 않는 등이나 허벅지는 운이 좋았지만, 얼굴이나 목에 맞으면 뻘건 자국이 너무 선명해서 밖으로 나갈 수 없었다. 특히 허리띠의 가죽 부분이 아니라 버클 부분으로 머리를 맞으면 후유증이 오래 갔다. 차라리 머리를 맞고 죽었으면 좋겠다는 생각을 하기도 했다.

나의 기억에서 제일 심하게 맞았던 건 6살 때였다.

오빠와 내가 옥상에서 놀다가 내려온다. 음식 냄새가 난다. 오빠와 어떤 음식인지 맞추는 놀이를 한다. 정답을 확인하고 싶어서 주인집 주방 창문을 기웃거린다. 아빠가 퇴근하는 길에 그 모습을 본다. 오빠와 나는 아빠의 손에 질질 끌려 집으로 간다. 아빠는 "너네가 거지냐! 너네가 거지야?!"라는 말을 마치 영화 〈닥터 스트레인지〉의 '도로마무'처럼 반복적으로 외치며 가죽 허리띠로 사정없이 오빠와 나를 내려친다.

그날은 머리, 목, 볼, 등, 허벅지 등 눈에 보이는 모든 곳에 넓적 당면 자국이 생겼다. 아빠의 폭력적 행동의 원인은 오빠와 나의 행동에 대한 교정보다는 자신의 열등감에 대한 표출이 대부분이었다.

아빠의 열등감 표출은 술을 마시면 더 극단적으로 드러났다. 술에 취해서 집에 들어오는 날이면 "남자는 하늘이야! 남자는 하늘이라고!!"라며 동네가 떠나가도록 엄마에게 소리를 질렀다. 아빠의 이런 모습을 싫어했던 엄마는 화를 못 참고 한밤중에 일어나서 소주를 병째로 들이켜며 아빠에게 울면서 소리 지르고 화를 냈다. 부부싸움은 모든 부부에게 일어날 수 있는 일이라고 생각하지만 술을 마신 부부의 무식함과 폭언은 흔히 볼 수 있는 모습이 아니다. 아빠가 엄마를 일방적으로 때리거나 폭언을 했다면 나는 수단과 방법을 가리지 않고 아빠를 막았을 테지만, 부모님은 똑같은 모습으로 싸웠다. 나는 그들의 말에서 느껴지는 분노와 증오가 싫어서 귀를 막고 이불을 뒤집어 썼다.

나중에 명리학을 공부하면서 알게 된 것이지만 부모님은 궁합 중에서도 최악의 폭력성을 갖고 있는 궁합이기 때문에 두 분도 어쩔 수가 없었을 것이다. 그러나 내가 그 어린 나이에 그걸 어떻게 알았겠는가. 평소에는 하나님을 찾지도 않으면서 그런 날엔 내 평생에 쓸 운이 있으면 전부 부모님을 변하게 하는 것에 써달라고 기도했다. 날 죽이고 목숨값으로 써도 좋으니

이 지옥 같은 상황을 해결해 달라고 했지만 지금 생각해보면 차라리 날 죽이라는 말이었던 것 같다.

나는 집이 싫었다. 부모님이 술 마시고 소리 지르는 것도, 그럴 때마다 엄마가 나에게 와서 아빠의 험담을 하고 신세한탄을 하는 것도, 집안에 흐르는 공기도 숨이 막혔다.

나는 아빠와 같이 집에 있어야 하는 주말이 싫었다. 폭력과 폭언이 언제 날아올지 모르는 불안감 때문에 주말에는 최대한 집 밖을 나돌았다. 공원이나 놀이터에서 친구들과 놀기도 했지만 그런 친구들은 대부분 비행 성향이 강했다. 나는 그런 친구들과 어울리고 싶지 않았다. 그래서 동네 언니를 따라 교회에 갔다. 교회의 어른들은 부모님과 비교할 수 없을 정도로 다정하고 따뜻했다. 내가 실수했을 때 분노하던 아빠와 달리 그들은 내가 다친 곳이 없는지 먼저 살폈고, 나의 실수가 별일 아니라는 듯이 머리를 쓰다듬어 주셨다.

나에게 사랑을 표현하는 것이 무엇인지 가르쳐 준 분들은 부모님이 아니라 교회의 어른들이었다. 교회에서는 아빠의 눈치를 살피느라 긴장해야 할 필요가 없었다. 나는 그때부터 교회를 대피소로 생각하고 드나들었다. 그 시절 그분들의 다정함과 따뜻함이 없었다면 내 불우했던 어린 시절은 나를 아빠와 같은 분노조절장애 성향으로 만들거나, 비행 청소년으로 만들었을 것이다.

미국의 정신과 의사로 23세에 상담사가 되어 수많은 상담을 했고, 현실치료를 창시한 윌리엄 글래서는 폭력과 분노를 표출하는 가장은 대부분 가정의 테두리 밖에서는 권력을 행사하지 못하는 사람들이라고 말한다. 남편은 아내와 아이들을 지배함으로써 권력욕을 채우려 하는데 이 상황에서 가족이 할 수 있는 일은 굴종밖에 없다. 그럼에도 남편의 권력욕은 채워지지 않아 문제가 생긴다.

– 최광현, 《가족의 두 얼굴》(2021)[3] –

대학교 때 교양 수업으로 심리학 강의를 들으면서 분노조절장애는 대물림되는 경우가 대부분이라는 것을 배웠으나 나는 이 이론에 크게 동의하지 않았다. 심리학적 원인은 부모나 형제들 중 분노조절장애 성향이 있거나, 열등감을 크게 증폭시킬만한 이유가 있어야 했다. 그러나 할머니 할아빠 어느 쪽도, 아빠의 형제 중 어느 누구도 전혀 그런 성향이 없었다. 아빠가 극단적인 말로 나와 오빠에게 소리를 지를 때마다 친척 어른들이 말하길 아빠는 어린 시절부터 그런 성격이었다면서 악의로 그러는 것이 아니니 상처받지 말라고 위로해 주셨다. 그러면 다음으로 강하게 열등감을 증폭시킬만한 이유가 있어야 했으나, 더 가난했던 아빠의 형제들도 분노조절장애 성향이 없는데 왜 아빠만 그런 성향이란 말인가. 가난이 분노조절장애를 만든다고 하면 대한민국 인구의 1/3은 분노조절장애가 있어야 한다. 게다가 형제들 중 유일하게 아빠만 공무원 생활을 하면서 안정된 직장을 갖고 있었다. 가난했던 나의 어린 시절에도 친척 어른들은 우리집보다 더 가난해서 아빠에게 돈을 빌리기 일쑤였다. 그러니 아빠의 분노조절장애 기질도 그저 타고난 것이라고 이해하는 수밖에는 없었다. 그럼 타고난 기질은 도대체 어디서 온단 말인가.

아빠를 미워했던 적은 없었다. 자신의 열등감을 힘없는 자식들에게 쏟아낼 정도로 나약했고, 사랑받지 못하는 것이 자신의 분노조절장애 성향이라는 것을 이해할 정도의 의식 수준까지 도달하지 못한 아빠를, 나는 연민했다. 가난 속에서도 가족을 책임지려고 최선을 다했던 그의 의지를 존경했고 이해했다. 그러나 존경과 이해와는 상관없이 나의 무의식에는 아빠가 쏟아내던 분노가 차곡차곡 쌓이고 있었다.

이승원 감독님의 영화 〈세자매〉를 보면 폭력적인 아빠에게서 자란 세 명의 딸이 나온다. 나는 그 영화를 보면서 많이 울었다. 아빠의 분노가 언제 터질지 예측할 수 없는 나는 어린 시절부터 눈치를 보면서 자랐다. 타인의 눈치를 보면서 자란 나는 내 의견은 없고 어른들이 시키는 대로 하려는, 그들이 원하는 것을 눈치 빠르게 해줘야 하는, 첫째 에코이스트 김선영이었다. 기도하면 가정도 변화시킬 수 있다는 목사님의 설교에 마음이 혹했던 나는 기도하면 부모님의 분노도 해결할 수 있을 것이라고 믿었다. 그래서 대학교 1학년 때부터 신앙생활을 시작했다. 둘째 기독교 빠돌이 문소리었다. 술에 취해 자제력을 잃게 되면 나오는 자기 파괴적 성향과 꿈에서 집안 살림을 때려 부수면서 욕을 하는 광적인 분노. 셋째 분노조절장애 장윤주도 나였다. 가정에서는 에코이스트 김선영, 세상에서는 기독교 빠돌이 문소리, 내면에서는 분노조절장애 장윤주. 세 자매의 모습은 모두 나의 모습이었다.

> 부모와 관련해서 분별력이란, 부모가 여러분에게 주입시켜온 두려움에 찬 제약적인 에너지로부터 자신을 떼어놓는 것을 뜻합니다. 영적인 의미에서 친가족을 놓아 보내기 위해서는 그들의 에너지와 여러분의 에너지를 분별할 수 있어야 하고, 여러분을 제약하고 질식시키는 '줄을 끊어낼' 수 있어야만 합니다. 부모님을 그들 자신으로서 있도록 내버려두는 것은 오로지 내면의 차원에서 줄을 끊어내고 자신의 삶에 책임을 떠맡은 다음에만 가능한 일입니다
>
> – 파멜라 크리베, 《예수나 채널링》(2016)[4] –

3.

**나는 왜 지속적으로
자살을 생각했을까**

처음으로 자살을 하고 싶었던 순간은 고3 때였다. 고등학교에 입학한 후 집안의 경제적 상황이 안정을 찾자, 엄마의 열등감 해결 방식은 자식의 학벌로 방향을 틀었다. 고등학교 1학년 때까지 나의 성적은 상위권이었지만, 고등학교 2학년 때 이과를 선택하면서 성적은 점점 낮아졌고, 야간 자율학습과 주말 등교는 내 저질 체력으로 버티기 힘들었다. 고3 때 나는 양호실 VIP였다. 일주일에도 몇 번씩 체했고, 모의고사를 보는 날에는 빈속에 물만 마셔도 체했다. 잘해야 한다는 압박감, 안 그러면 엄마와 아빠가 나를 비난할 것만 같은 공포감, 사랑받지 못할 것이라는 두려움은 고등학교 3학년 때 극에 달했다.

부모님에게 한두 번 드러낸 압박감으로 그들은 나를 나약한 인간으로 정의내렸고, 나는 그들의 말이 맞다고 생각하고 나를 다그쳤다. 강해져야 한다는 말을 속으로 수천 번도 더 되뇌었다. 내가 나약한 것이라고, 남들도 다 잘 버티고 있다고, 이런 일도 감당 못하면 세상에서 어떻게 살아남느냐고 자책하고, 남들과 비교하며, 내가 느끼는 모든 감정을 안으로 꾹꾹 밀어 넣었다. 그리고 어느 순간부터 숨이 막혔다. 나의 사방에 투명한 벽들이 나를 향해 조여 오는 것같은 느낌을 받을 때마다 숨이 쉬어지지 않았다. 그때 처음으로 죽고 싶다는 생각을 했다.

수능 시험 마지막 영어 시험 시간에 머리가 깨질 것 같이 아팠고 숨이 막히기 시작했다. 지금 생각해보면 정신과에서 말하는 공황장애가 아니었나 싶다. 그러나 그 시절에는 그런 용어 자체가 익숙하지 않았다. 정신과는 조현병 증세가 심한 사람들만 가는 곳이라는 인식이 있던 시절이어서 내가 공황장애라는 것을 알았더라도 가지 못했을 것이다. 무엇보다 남의 눈을 중요하게 생각하는 부모님은 절대 보내지 않았을 것이다.

나는 수능에서 영어 시험을 완전 망쳤고, 결국 부모님의 기대에 못 미치는 지방대에 갔다. 나는 엄마에게 미안하다고 말했으나 엄마의 반응은 아주 냉소적이었다. 엄마다웠다. 나는 엄마를 행복하게 해주지 못했다는 죄책감에 슬펐고, 내가 너무 못났다고 생각했다.

대학교 4학년이 되어 마지막 학기를 야간으로 다니고 기독교 유치원에서 일했다. 취업 준비하는 과정에서 자격증을 따고 영어 학원에 다니려면 돈이 필요했다. 내가 일했던 기독교 유치원은 새벽기도가 의무였다. 새벽 5시 40분에 버스를 타고, 교회에 도착해서 새벽기도를 한 후에, 유치원에서 오후 5시까지 일을 하고, 저녁 7시까지 학교에 가서 야간 수업을 듣고 집에 오면 밤 12시였다. 내 인생에서 가장 체력의 한계를 느꼈던 시절이었다. 정말 죽을 것같이 힘들었다. 특히 잠이 너무 부족했다. 버스 안에서 서서 졸다가 다리가 풀려서 몇 번을 고꾸라지고, 수업을 듣는 중에도 잠이 쏟아져 허

벽지를 꼬집으면서 참았다.

　엄마는 새벽 5시 30분에 집을 나가는 나에게 "그것도 직장이냐? 어디 그런 직장 같지도 않은 직장에 다니냐? 창피하다. 창피해"라는 말과 함께 엄친아와 엄친딸의 이름을 줄줄이 읊었다. 누구 집 아들은 공무원 시험에 붙었고, 누구 집 딸은 대기업에 취업해 한 달에 백만 원씩 부모님 용돈으로 보낸다는 말을, 내가 출근하는 그 새벽 시간에 현관문을 닫고 엘리베이터를 타고 내려가는 순간까지 강조했다. 돈을 벌어서 필요한 자격증을 따고 영어 학원에 가려고 하는 것이라고 설명해도 엄마는 내 말을 귀담아듣지 않았다. 엄마는 항상 타인의 말을 듣는 것보다 자신의 감정을 표출하는 것이 더 중요한 사람이었다. 그 새벽에 나는 눈물을 흘리며 버스정류장을 향해 걸었다. 진심으로 엄마를 행복하게 해주고 싶었지만 엄마가 나에게 기대하는 바를 충족기에 내가 너무 보잘것없다고 느껴졌다.

　새벽 버스가 출발하는 시간에는 트럭이 많았다. 버스정류장에서 빠른 속도로 지나가는 트럭을 보면서 뛰어들면 어떨까 생각했다. 나의 몸은 다 터질 것이고 장기들은 도로에 깔릴 것이다. 그 장면을 목격하는 새벽 출근자들과 나를 치고 지나가는 트럭 기사님에게 심각한 트라우마를 남기게 될 테니 그 방법은 절대 안 된다고 생각하며 눈물을 닦았다. 취업하면 나아질 것이라고, 돈을 벌면 독립할 수 있으니까 엄마가 더 이상 나에게 큰 스트레스는 주지 않을 것이라고 나를 위로하고 설득하며 엄마의 독설을 버텨냈다.

　학교를 졸업하고 삼성계열의 반도체 회사에 취업했지만 엄마의 행동과 말에는 큰 변화가 없었다. 오히려 나의 모든 것을 통제하려는 욕구가 더 심해졌다. 옷 입는 스타일, 걸음걸이, 월급, 지출 내역 등 나의 모든 것을 통제하고 싶어 했으나 유일하게 내가 엄마에게 쓰는 지출에는 제약을 두지 않았다. 그러나 이것보다 더 힘들었던 것은 엄마의 세속적인 욕망이었다. 엄마가 사람을 평가하는 기준은 부와 명예였다. 오직 본인만의 판단 기준이 가장 옳으며, 정당했고, 오류가 없었다. 본인 주변의 모든 가정은 자신의 비교 대상이었다. 60평 아파트로 이사 간 집사님, 의사 사위를 얻은 이웃집, 딸이 임용고시에 합격한 권사님까지… 집에 도착해서 발을 들이는 순간부터 다시 나갈 때까지 이런 이야기를 수도 없이 늘어놓으며 나를 비난하고 자신의 신세를 한탄했다. 나는 감정 쓰레기통이었다.

엄마를 만나고 집으로 돌아오면 일주일 동안 우울함에 허우적거리며 '그냥 죽어버릴까'라는 생각만 되풀이했다. 엄마의 기준에서 나는 너무 못난 사람이었고 살 가치가 없다고 느껴졌다. 나는 자살에 대한 생각을 멈추고 싶었다. 그러나 멈추고 싶어도 나의 의지로 멈출 수가 없었다. 고3 때 시작된 자살에 대한 생각은 성인이 되어서도 사라지지 않았고 나의 의식과 무의식의 경계에서 순간순간 표면으로 올라왔다가 내려가기를 반복했다. 그리고 의식의 표면 위로 올라오는 순간은 항상 엄마를 마주하고 난 직후였다.

가족은 희생양의 역할을 통해 일시적인 평화와 안정을 갖지만 가족 희생양이 된 자녀는 죄책감과 열등감 그리고 높은 불안감을 피할 길이 없다. 모든 자녀가 희생양의 역할을 골고루 떠맡는 것은 아니다. 희생양이 되도록 '선택'된 자녀가 있기 마련이다. 따라서 희생양을 제외한 다른 자녀들은 전혀 방해받지 않고 어린 시절을 마음껏 누릴 수도 있다. 그럼 왜 유독 한 아이만 부모를 위해 특별한 역할을 맡게 되는가? 부모에게는 누구든 한 사람만 그 역할을 맡으면 충분하기 때문이다. 희생양이 된 자녀는 감수성이 예민하고 겁이 많은 아이라는 공통점이 있다. 부모의 고통스런 상태를 재빨리 알아챌 수 있을 정도로 예민하고, 죄책감을 과도하게 갖고, 버림받는 것에 대한 두려움을 느낄 만큼 겁이 많고 조화를 갈구하는 아이인 경우가 많다.

– 최광현, 《가족의 두 얼굴》(2021)[3] –

    엄마는 나를 쓰레기통 삼아 자신의 부정적인 감정을 무자비하게 던졌다. 그 쓰레기들은 나의 무의식에 차곡차곡 저장되어 있다가 내가 행복하게 웃고 있던 그 순간, 아름다운 장면을 보고 있는 그 순간, 맛있는 음식을 먹고 있는 그 순간, 마치 뜨거운 쇳물이 위장에서 심장까지 솟구치듯 불쑥 불쑥 의식의 표면으로 올라와 나를 괴롭혔다. 엄마를 행복하게 해주지 못했다는 죄책감, 스스로 불행하다고 느끼는 엄마에 대한 연민, 내가 왜 엄마의 딸로 태어나야만 하는가에 대한 분노, 자식이 부모에게 갖는 책임감. 이 모든 것에 대한 감정이 솟구쳐 오르는 순간이 왜 하필 내가 행복을 느끼는 순간이어야 했을까. 마치 하늘을 날아올라 자유를 만끽하려는 그 순간, 발목의 족쇄가 나를 땅으로 끌어당겨 절대 날아가지 못하도록 하는 것처럼 느껴졌다.

    엄마가 나를 불행하게 만들었다고 생각하지는 않으나, 행복할 수 없게 만들었다고는 생각한다. 엄마가 모든 것을 의도하고 행동하진 않았을 것이고 내가 이 정도로 영향받을 줄은 엄마도 몰랐을 것이다. 소크라테스가 무지는 죄악이라고 했던가. 맞다. 부모님은 무지했다. 자신의 행동이, 자신의 말이, 자신의 눈빛이 자녀에게 어떤 결과를 가져올지 그들은 전혀 몰랐다. 그리고 나도 무지했다. 내가 그들의 행동과 말에 상처받고 있다는 것을, 내 행복을 위해 그들이 강요하는 가치를 무시해야 한다는 것을, 나는 몰랐다.

상대적으로 여자아이가 개별화를 어려워하는 이유 중 하나는 주 양육자인 엄마와 성이 같기 때문이다. 같은 성으로서 엄마와의 차이나 분리에 대한 감각이 충분히 형성되지 않아 개별화 과정이 늦거나 어렵게 다가오고, 이런 성향은 다른 관계에까지 확장된다. 반대로 남자 아이는 엄마와 성이 다르기 때문에 자신을 타인과 분리된 존재로 보는 인식이 상대적으로 강하다.

– 비벌리 엔젤, 《자존감 없는 사랑에 대하여》(2020)[5] –

4.

**상실의
고통**

　대학교 1학년 때 교회를 본격적으로 다니기 시작하면서 내 인생의 소울
메이트, 철수(가명)를 만났다. 철수가 나의 삶에 나타나준 것은 불행한 내 삶
을 위로하기 위한 하나님의 선물이라고 생각했다. 부모님을 위해 시작한 교
회생활이었지만 세상은 기독교의 교리로 설명할 수 없는 일들이 너무 많았
다. 목사님이나 전도사님들이 세상에서 일어나는 일들에 대해 기독교의 범
위 안에서 설명하려고 애쓰는 모습이 안쓰러워 보이기도 했고, 그들의 편협
한 사고에 더 이상 할 말을 잃기도 했다. 나는 어린 시절부터 그런 생각을 많
이 했다. '사는 건 뭘까? 죽으면 나라는 존재는 사라지고 없는 건가? 인생에
서 가장 가치 있는 일은 무엇일까?' 사람들의 이야기를 듣고 있다 보면 그
들은 자신에게 가치 있는 일을 찾기보다 세상이 던져 준 가치를 따라가려고
더 애쓰는 것처럼 보였다. 그러나 철수는 달랐다. 물론 내가 궁금해하는 것
에 대한 모든 답을 알고 있지는 않았지만 적어도 교회에서 말하는 천국과
지옥으로 모든 것을 설명하려 들거나, 선과 악의 이분법적 사고방식으로 사

람들을 평가하거나, 기독교의 교리를 무조건 맹신하거나, 세상의 가치를 따라가거나 하지는 않았다. 그래서 철수와 대화하는 것이 즐거웠다. 종교를 초월해서 형이상학적인 주제를 무장해제하고 쏟아낼 수 있는 것도 좋았고, 세상에서 가치 있는 일이 무엇인지 논쟁하는 것도 좋았고, 사람의 마음을 치유하려면 어떻게 해야 하는지 방법을 모색하는 것도 좋았다.

누군가와 가까워지려는 소망은 자신의 가장 깊은 자아를 다른 사람과 나누려는 소망이다.

– 영화 〈굿 윌 헌팅〉 중[6] –

철수는 가난한 환경에서 살았지만 정신력은 강한 친구였다. 아빠는 돌아가시기 전까지 술을 마시고 철수를 때렸고, 어머니는 어렸을 때 집을 나가서 얼굴도 모른다고 했다. 고등학교를 졸업하자마자 직장생활을 시작해서 여동생의 뒷바라지를 해주었고, 돈이 부족하면 야간에도 일을 구해 투잡을 했다. 작은 체구에 마른 몸으로 어떻게 그렇게까지 할 수 있었는지 모르겠다. 동갑이지만 영혼의 나이는 나보다 훨씬 많다고 느껴졌다. 폭력적인 아빠에 대한 동질감 때문에 나는 집에 대한 모든 이야기를 편하게 할 수 있었다. 철수는 내가 하는 이야기를 잘 들어주었고, 어떠한 비난도 하지 않았다. 진심으로 나를 걱정해주었다.

철수는 나에게 어디 가서 손해 보는 행동을 하지 말라고 신신당부했지만, 사실 본인도 만만치 않았다. 교회 동생들에게 무료로 기타를 가르쳐 주기도 했고, 교회에서 단체로 어딘가를 갔다 오는 날이면 본인도 엄청 피곤했을 텐데도 끝까지 모든 사람을 집에 데려다주었다. 처음 신앙생활을 시작했을 때 본인도 없는 형편에 나에게 성경책을 사주었고, 서점에서 알바를 하고 있을 때 피자를 사 오기도 하고, 읽고 싶은 책이 절판돼서 아쉬워하고 있으면 지인에게 구해서 빌려주기도 했다. 철수가 말하길 내가 좋아하는 모습이 강아지 같아서 자신의 기분이 좋아진다고 했다. 나는 지금까지도 철수와 비슷한 영혼은 만나 본 적이 없다. 부모님 때문에 힘들어하는 날 위해 하나님이 위로의 의미로 선물을 주셨나 보다고 생각했다.

> 사람의 마음을 울리는 것은 순수한 영혼과 에너지랍니다. 그 사람의 지위나 스펙은 전혀 중요하지 않아요.
>
> – 이서윤·홍주연, 《더 해빙》(2020)[7] –

철수와 나는 영화를 보고 책을 읽으며 대화하는 것을 좋아했다. 겁이 많은 나는 공포영화를 못 보기 때문에 철수가 미리 보고 나에게 설명해줄 때가 많았다. 회사생활을 시작한 후 사건이 있기 바로 전날까지도 철수는 영화 〈오로라 공주〉를 보고 전화로 내게 설명해주었다. 주인공(엄정화)이 사람들을 어떻게 한 명씩 죽이는지 아주 자세하게 설명해주었고, 나는 들으면서 '헐~~'만 하고 있었다. 그리고 그다음날 철수는 직장 창고에 적재된 물건이 떨어지면서 그것에 깔려 즉사했다. 그날은 철수의 생일 전날이었고, 생일날 롯데백화점 뒤에 있는 돈가스 집에 가자고 약속한 날이었다.

나는 이런 일을 어떻게 극복해야 하는지 전혀 몰랐다. 매일 문자를 하고 전화를 하던 사람이 영원히 사라져 버리자 공허함에 삶의 의욕을 완전히 상실했다. 마음이 아프다는 말로는 도저히 설명할 수 없는 고통이었다. 심장이 아팠다. 아니, 아려왔다. 처음에는 오열했고, 그다음엔 체념했고, 그다음부터는 분노했다. 내가 분노할 수 있는 구체적인 대상이 존재했다. 기숙사 근처에 있는 교회에 가서 밤마다 울면서 이유를 알려 달라고 했다. 그렇게 내 주변에 나를 사랑해주는 사람이 아무도 없어야 할 만큼 내가 죄를 많이 지었냐고 따지기도 했다가, 나도 같이 데려가라고 떼도 썼다가, 대답 안 하면 지금 콱 죽어버린다고 협박도 했다가, 잘못했으니까 다시 살려내면 안 되냐고 빌어도 봤다가, 온갖 쇼를 하면서 기도한지 딱 한 달이 되는 날 꿈을 꾸었다.

은빛 안개가 자욱한 하얀색 식탁 앞에서 철수가 식사를 하고 있고, 나는 철수를 보면서 화를 낸다. "너 뭐야. 살아 있으면서 왜 죽은 척하는데?" 철수가 나를 보며 "알았어. 미안, 미안."이라고 말하고 아주 밝게 웃는다. 그리고 철수의 맞은편에 앉아서 같이 식사를 한다. 이 모든 상황이 너무나 평안하고 완전하다. 내 옆에 앉아 있던 분이 내 귀에 대고 말한다. "이제 돌아가야겠어." 순간 나는 기숙사의 내 침대로 돌아왔고, 돌아온 그 짧은 순간에 누군가 다시 귀에 대고 말한다. "안나야, 나는 네가 무슨 일을 하든지 기쁘단다."

당시엔 그 말의 의미가 다른 사람이 원하는 것을 버리고 내가 진정으로 원하는 일을 선택하라는 뜻인 줄도 몰랐고, 이 말을 한 분이 나의 인도령인 줄도 몰랐다. 그리고 내 삶에서 일어난 상실의 고통이 사실은 나의 카르마였다는 것도 전혀 몰랐으니, 기독교의 하나님만 붙잡고 원망을 토해냈던 것이다.

　일을 제대로 할 수 있는 정신 상태가 아니었고 회사에 피해를 주는 것 같아서 퇴사를 하고 집으로 돌아왔다. 엄마는 사람이 언젠가 죽는 게 당연한데 그깟 일도 못 버티냐며 눈을 흘기며 나를 비난했다. 삼성계열 회사에 들어갔다고 동네방네 자랑하고 날 챙겨주었던 엄마는 퇴사를 하고 집에 오니 태도가 180도로 돌변하고 나를 쳐다보지도 않았다. 이런 태도의 변화는 늘 있는 일이었는데도 그때마다 항상 가슴이 아팠고, 엄마가 원하는 것을 해주지 못하는 것에 죄책감이 밀려왔다. 나는 그때 처음으로 엄마가 친엄마가 아닐 수도 있겠다는 생각이 들었다. 아니면 그렇게 믿는 것이 나의 마음이 편했던 것일까? 나는 정말 궁금했다. '왜 엄마에게는 내성이 생기지 않는 거지? 이제 아무렇지도 않을 만도 한데…' 아마 그쯤부터였던 것 같다. 꿈에서 다른 한 명의 엄마를 만들어 내가 위로를 받고 싶을 때마다 안고 있었다. 이젠 더 이상 부모님에 대해 편하게 이야기할 사람이 없으니 살기 위해서 나의 무의식이 내가 원하는 엄마의 모습을 만들어냈다.

　　운명을 조절하고 인도하는 수많은 업보에 의해 생명은 이미 끝이 나고 바야흐로 보다 높은 형태로 진보하기 위한 준비가 끝난 상태였다. (중략) 신은 당신의 자녀들이 모든 것을 당신의 한 부분으로 사랑하기를 원하시며, 또한 죽음이 모든 것을 끝낸다는 잘못된 생각을 가져서는 안 된다는 사실을. 무지한 사람은 자신이 그렇게도 소중하게 여겨오던 친구들을 영원히 사라진 것처럼 숨겨버리는, 결코 넘어설 수 없을 것 같은 죽음의 벽만을 본다. 그러나 집착에서 벗어나서 만물을 신의 한 표현으로서 사랑하는 사람은, 자신이 아끼던 모든 것이 죽음에 이르러서는 신 안에서 열락을 호흡하는 공간으로 돌아간다는 사실을 이해한다.

　　　　－ 파라마한사 요가난다, 《요가난다, 영혼의 자서전》(2014)[8] －

부모님 집에서 몇 달을 지내면서 어떤 일을 해야 할지 고민했다. 철수의 죽음은 내가 지금 어디를 향해서 가고 있는지 나의 삶을 돌아보게 했다. 회사생활은 내가 찾는 가치와 전혀 상관이 없었다. 인간의 영혼을 위한 일도 아니었고, 사람들을 돕는 일도 아니었고, 오로지 회사의 이익을 위해 인간의 에너지를 소비해야 하는 일이었다. 나도 행복하고 엄마도 행복할 수 있는 절충방안을 찾아야만 했다. 나는 세상에서 가장 가치 있는 일을 하고 싶었지만 그 일은 엄마가 원하는 일과 항상 반대되는 일이었다. 세상에서 부와 명예가 제일 중요한 엄마는 이름만 말하면 누구나 다 아는 회사에 다니거나, 공무원이 되기를 원하셨다. 그러나 내가 경험한 직장생활에서는 가치 있다고 생각할만한 어떤 것도 발견하지 못했기 때문에 회사는 들어가고 싶지 않았고, 고3 때 경험했던 지옥 같은 수험생활을 다시 반복하고 싶지도 않았기에 공무원도 못할 노릇이었다.

내가 처음으로 가치 있다고 생각했던 직업은 작가였다. 대학교에 입학한 후 도서관에서 책을 읽으면서 작가들이 가진 삶에 대한 깊은 통찰력과 순수함이 매력적으로 다가왔고, 그들이 인생에 대해 내리는 정의들이 나를 감동하게 했다. 그러나 엄마에게 그런 직업은 절대 용납될 수 없는 일이었다. 엄마의 막냇동생이 작가가 된다고 방구석에만 처박혀서 책만 읽다가 결국 작가는 되지도 못하고 세월만 낭비했기에 엄마에게는 당연한 반응이었다. 내 주변에서도 작가로 성공한 경우가 없었으므로 나는 엄마의 말에 반박할 수 없었다. 생각해보면 반드시 세상에서 말하는 성공과 가치 있는 인생이 등호^{equal}가 아닌데 그땐 나의 의식 수준이 거기까지 미치지 못했다.

그렇게 고민에 고민을 거듭하다가 대학교 때 과외를 했던 일이 생각났다. 학생들을 가르치면서 상담도 해주고 좋은 길로 인도를 해주면 가치 있는 일이 될 것 같았다. 그리고 과외로 돈을 벌고 교육대학원에 가거나 학원이라도 개업을 하면 엄마가 날 자랑스러워하지는 않더라도 창피하게 여기지는 않을 것이라고 생각했다.

나는 그 당시 결심한 이 모든 것이 전생과 관련이 있다는 생각을 하지 못했다. 기독교는 전생이라는 개념 자체가 없었고, 극단적 기독교주의자들은 전생이 악마의 장난이라고까지 표현했다. 천국과 지옥. 기독교는 오로지 예수천당 불신지옥이었다. 처음 전생이라는 개념을 구체적으로 알게 된 것은 철수가 읽어보고 싶다고 했던 《신과 나눈 이야기》라는 책을 통해서였다. 철수가 죽기 전날 나에게 이 책을 같이 읽어보자고 했던 말이 기억이 나서 나는 과외를 시작하기 전에 그 책을 읽어보았다. 전생이고 뭐고를 떠나서 히틀러가 천국에 있다는 글을 읽고 나는 그 책을 집어던졌다. '히틀러를 천국에 보낸 하나님이면 내가 안 믿고 말지. 대체 이런 쓰레기 책이 왜 인기가 있는 거야?'라며 책을 덮어 버리고 말았다.

25살. 선과 악의 이분법적 사고방식이 머릿속에 강하게 박혀 있던 나는 히틀러를 천국에 보냈다는 개념을 절대 이해하지 못했다. 그런 인간들을 위해서 지옥은 반드시 존재해야 옳으며, 금수보다 못한 인간은 꼭 지옥에 갈 것이라는 희망이라도 있어야, 철수 같은 영혼은 천국에 갈 것이라는 희망이라도 있어야, 세상을 살아갈 수 있었다.

사도행전 1장 7절에서 말하길 '때와 기한은 아빠께서 자기의 권한에 두셨으니 너희의 알 바가 아니오'라는 구절이 있다. 때와 기한은 영혼의 의식이 준비된 때이고, 아빠의 권한은 영혼 스스로의 권한이라는 것을 이해하기

까지 나는 10년이 넘는 세월이 걸렸다.

용기: 고난을 극복했기 때문입니다.

겸손: 창피했던 경험이 있기 때문입니다.

사랑: 상실을 경험했기 때문입니다.

용서: 자유로워지는 것을 바라기 때문입니다.

기쁨: 억압에서 벗어나 성장했기 때문입니다.

자기 중심을 유지하는 법: 힘을 되찾기 위해서 분노를 통과했기 때문입니다.

평화: 혼란스러운 단계에서 상처 입은 에고를 넘겨주어야 했기 때문입니다.

수용: 저항의 고통이 결국엔 '받아들이겠다'라는 말을 우리 입으로 하게 만들기 때문입니다.

진실: 부정직하게 사는 건 자신과 타인에게 상처를 주기 때문입니다.

자신이 치유 되었다는 것: 자기 감정을 바라보는 시각이 달라졌기 때문입니다.

– 웬드 디 로사, 《가슴으로 치유하기》(2020)[9] –

5.

**무의식에 파고든
그리움**

　민수(가명)는 30대 초반에 친구의 결혼식장에서 만났다. 4대 독자 금수저 태생이었던 민수는 고등학생 때부터 자기 명의로 된 집이 있었고, 명절이나 생일날이면 고모들이 준 돈 봉투가 줄줄이 들어왔다. 부족할 것 없는 민수에게 딱 한 가지 스트레스가 있었는데, 바로 자신의 엄마였다. 민수는 어린 시절부터 엄마의 과도한 교육열 때문에 자유롭게 살아 본 적이 없다고 했다. 어린 시절에는 영재교육, 바이올린, 피아노를 시작으로 고등학교 때는 수능 과목별로 과외 선생님이 있었고, 대학교의 학과 선택도 엄마가 원하는 곳으로 해야 할 정도로 민수의 엄마는 민수에게 집착했다. 민수가 자신의 엄마 때문에 스트레스받는 모습을 보면서 동질감과 연민이 느껴지기도 했고, 처음에 자상했던 그의 모습을 보면서 철수와 닮았다고 느꼈다. 그래서 그런가 나는 순식간에 민수에게 빠져들었다.

　직장생활을 시작하고 독립을 하면서 자유로운 생활을 만끽하는 민수는 주말마다 친구들과 여행을 가고, 평소에는 클럽에 자주 갔다. 민수가 주말에 여행 계획을 세우면 나는 교회에 가야 된다며 거절을 했고, 저녁에는 항상 과외가 늦게 끝나 볼 수 있는 날이 많지 않았다. 처음에는 이해해주는 듯하다가 나중에는 점점 불만을 토로했고, 결국 잦은 싸움으로 이어졌다. 몇 개월 후부터 본인의 성욕을 참지 못했는지 차 안에서 수십 번 강압적으로 시도하기도 했다. 그 당시 기독교적 사고관이 강했던 나는 결혼 전엔 절대 안 된다고 했고, 처음엔 나의 의견을 존중하는 것 같았다. 그러나 그 후로 민수의 집착은 내가 교회에 있는 시간이 되면 엄청나게 심해졌다가, 같이 있을 때는 다시 한 없이 자상해졌다. 내가 교회에 나가는 것도 싫어했고, 교회 친구들과 어울리는 것도 싫어했다. 심지어 예배 시간에 가지 못하게 하려고 맛집을 간다며 도시 외곽으로 데리고 갔다가 예배 시간이 끝나고 나서 집에 데려다주기도 했다.

민수는 말을 정말 잘했다. 어렸을 때부터 책도 많이 읽고 배운 것도 많아서 그런지 누군가를 설득할 때는 거의 랩을 하듯 엄청난 말빨을 가지고 있었다. 그리고 얼마나 유식한지 기독교에 대해서 비판할 때는 종교 역사를 줄줄이 읊으면서 설득하려고 했다. 목사보다 설교를 더 잘했다. 이 정도 말빨이면 종교를 하나 만들어서 교주가 되었어도 성공했을 인간이다. 내가 생각을 바꾸지 않았더니 인터넷에서 교회 다니는 여자친구를 검색해서 보여주기 시작했다. 남자들이 여자친구 때문에 힘들어하는 글을 보여주면서 네가 이 여자들이랑 뭐가 다르냐며 예수를 선택하든 본인을 선택하든 둘 중 하나를 선택하라고 화를 냈다. 그때마다 나는 예수를 선택했고, 헤어졌다가 다시 만나기를 수십 번 반복했다.

심리학책에서 사람은 자신의 부모와 비슷한 사람과 연애를 하거나, 자신과 비슷한 사람과 연애를 한다고 쓰여 있었다. 엄마가 민수와 비슷한 것인지, 엄마와 비슷한 성향이 나에게도 있기 때문에 비슷한 민수를 만난 것인지, 두 가지 모두 해당하는 것인지 모르겠으나 나는 민수를 보면서 엄마와 너무 비슷하다고 생각했다.

민수는 자신의 불만을 다른 여자들과 나를 비교하는 것으로 풀기 시작했다. 여자 아이돌의 외모, 드라마 속 순종적인 여주인공, 애교가 많은 여배우, 세상의 모든 여자는 나와 비교 대상이 되었다. 어느 날 아이유가 스타킹에 나와서 키와 몸무게를 공개했던 장면을 카톡으로 보내주면서 키는 나와 같은데 몸무게는 10㎏이나 차이가 난다며 나한테 자극 좀 받으라고 했다. 나는 분노를 다이어트로 풀기 시작했다. 굶었다. 운동이고 나발이고 가장 빨리 살을 빼는 방법은 그냥 안 먹는 것이라고 생각했다. 2주 만에 50㎏까지 빠졌다. 그랬더니 이번엔 가슴 큰 헐리우드 스타와 비교하기 시작했다. 나는 결국 분노를 폭발시켰다. 나의 무의식에 숨어 있던 분노가 본색을 드러내기 시작하면서 민수도 그동안 갈고 닦았던 이빨을 드러내기 시작했다.

나의 분노를 보며 이 인간이 안타를 날린다. 엄마가 술 먹고 화내는 걸 보고 배웠든지, 아빠의 분노조절장애가 유전이 됐냐고 한다. 무슨 말을 해야 할지 멍해지기 시작한다. 화가 나서 멍해진 건지 아니면 사실이라 아무 말을 못하는 건지 분별이 안 간다. 그리고 마지막으로 장외홈런을 날린다. "다른 여자들은 위에서 잘도 털어주고, 잘도 빨아 준다는데 너는 내가 다른 여자들하고 그렇게 하고 다녀도 아무렇지도 않지? 그렇게 예수가 좋으면 예수 거나 실컷 빨아." 나는 눈물이 나기 시작한다.

처음엔 그런 말을 듣고 눈물을 흘리면 미안하다고 하던 민수는 시간이 지나면서 "또 질질짜냐? 지겹다 지겨워"라며 짜증을 냈다.

어느 날 민수의 생일 선물로 좋아하는 브랜드의 키 지갑을 사서 회사 기숙사로 갔다. 그날은 회사에서 워크숍을 갔다 온다고 한 날이었다. 기숙사 주차장에서 기다렸다가 놀라게 해주려고 차에 숨어서 기다렸다. 저녁 8시에 민수의 차가 주차장에 들어와 내 차의 사선 방향으로 주차했다. 차 앞쪽의 가로등 빛으로 그림자가 생겨 뒷유리로 다른 여자랑 바람피우는 장면이 보였다. 당황해서 빨리 자리를 떠날 수도 있었는데 이상하게 심장이 빨리 뛰지도 않았고, 웃음이 나왔다. 내가 이 모든 것들을 알고 있었던 것 같았다. 순식간에 많은 생각을 했다. '라이트를 켤까, 클랙슨을 누를까, 아니면 드라마나 영화에 나왔던 것 같이 차 문을 열고 마시고 있던 커피를 얼굴에 뿌릴까?' 내 성격에 전부 못할 게 뻔했다. 나는 바로 집으로 왔다. 나와 헤어질 때마다 민수는 자신의 카톡 프사에 직장 동료들과 놀러 갔던 사진을 올렸다. 그리고 그 사진 속엔 그 여직원이 있었다. 그날 차 안에서 하던 행동을 미루어 볼 때 그 여직원은 절대 그날만 민수와 바람피우던 게 아닌 것 같았다.

다음 날 바람피우는 모습을 봤다고, 헤어지자고 말했더니 민수는 순순히 그러자고 했다. 3개월 동안 밤마다 눈물을 흘렸다. 민수가 그립기도 했지만, 내 신세가 처량했다. '매정한 부모와 죽은 철수와 바람피운 민수… 종합 선물세트인가? 인생에 이 모든 것을 다 경험하는 사람이 많은가? 앞으로 무슨 꼴을 더 보게 될지 무섭다. 그냥 산에 들어갈까? 속세와 인연을 끊고 비구니가 되는 거야. 아니야, 그러기엔 넌 식탐이 너무 많아. 풀떼기만 먹고 살수 있어? 전생에 굶어 죽었나, 식탐은 왜 이렇게 많아. 자살하면 지옥에 갈테니까 그건 안 돼. 도대체 뭔 놈에 팔자가 이렇게 사나운 거야?' 온갖 비관적이고 우울한 생각들을 쏟아내며 3개월을 보냈을 때, 민수는 집 앞에 찾아와 마음은 나한테 있는데 몸만 그 여자한테 간 것이라며 다시 만나자고 했다. 눈물이 쏟아졌지만 내 입은 "아니"라고 말하고 있었다.

교회의 친구들에게 남자친구와 헤어진 상황을 말해주고 그들의 생각을 물어보니 이 친구들의 말이 더 가관이었다. 믿음 생활을 하는 남자가 아니기 때문에 어차피 하나님의 뜻이 아니었다며 내가 헤어지지 않았기 때문에 그런 장면까지 보게 한 것이란다. (What the XXXX!!) 나는 이런 말들에 짜증이 났다. 모든 일에 하나님의 뜻을 붙여대는 교회 친구들의 말이 내 귀에 들어올 상황이 아니었다. 그러나 버릇이 무섭다. 나는 또 교회 가서 하소연을 하고 앉아 있었다. 기도는 나오지도 않았다. 대부분이 내 팔자에 대한 푸념과 엄마에 대한 고자질이었다. 내가 하나님이면 듣기 싫어서라도 은도끼 정도는 던져 줬을 법 싶은데 이분 얄짤없다. 은도끼는커녕 썩은 도끼도 안 준다. 하나님은 내 인생에 관심이 없는 듯했다.

신이 너희가 하는 일에 여러모로 마음 쓰리라는 생각은 너희가 빠져 있는 크나큰 환상에 지나지 않는다. 이런 말을 들으면 무척 서운하겠지만, 나는 너희가 뭘 하든 마음 쓰지 않는다.

– 닐 도날드 월쉬, 《신과 나눈 이야기》(1997)[10] –

민수와 헤어지고 나는 내 의식에서 그를 완전히 잊었고, 내 살기 바빠서 기억을 꺼내지도 않았다. 그러나 꿈에서는 그가 지속적으로 등장했다. 사무치는 그리움의 감정이 꿈에서 그를 볼 때마다 강하게 솟구쳐 올라와 꿈에서 깨고 나면 그 여운이 오래 남았다. 나는 진심으로 이런 꿈을 꾸고 싶지 않았다. 의식에서의 민수에 대한 감정과 무의식에서 민수에 대한 감정이 너무 상반되어 나는 이 느낌이 너무 불쾌했다. 없애고 싶었다. 없앨 수 있다면 무의식을 다 뒤집어 그에 대한 그리움을 버리고 싶었다. 그러나 민수에 대한 그리움은 마치 아주 무거운 추가 강물 깊은 바닥에 떨어져 요지부동하게 그 자리를 지키고 있는 것 같았다. 강물을 전부 빼버리고 바닥을 다 뒤져서라도 그 무거운 추를 찾아서 버리고 싶었는데 도대체 어떻게 해야 하는지 방법을 알 수 없었다. 무의식에 있는 많은 쓰레기들이 나의 의지와 상관없이 꿈에 나타나 나의 감정을 쥐락펴락하는 것이 너무 싫었다.

꿈은 매우 중대한 심적 행위이다. 꿈의 원동력은 언제나 소망 충족의 욕구이다. 소망이 불분명하거나 황당무계한 것이 꿈에 자주 등장하는 것은 꿈 형성시의 심적 검열의 결과로 본다.

– 지크문트 프로이드, 《꿈의 해석》(2014)[11] –

6.

Adios
church

　　내가 다녔던 교회는 성도가 8,000명이 넘는 감리교단으로, 이단이라고 명명되는 집단도 아니었고, 좋은 사람들도 많은 곳이었다. 나는 그곳에 15년을 쏟아부었다. 나를 사랑해준 많은 사람이 그곳에 있었다. 부모님으로부터의 도피처를 제공해주었고, 울고 싶거나 위로받고 싶을 때 찾기도 했고, 10년 동안 나의 심리 치료 상담을 해주셨던 상담 선생님도 그곳에 있었다. 나를 깎아내며 다듬는 과정을 보낸 곳이기에 그곳은 나에게 큰 의미가 있는 곳이었다.

　　어느 날, 교회 안에서 남자들끼리 하는 대화를 들었다. 결혼하기 전에 꼭 그 여자의 엄마를 만나 보라면서, 엄마를 보면 그 여자를 알 수 있다고 했다. 나는 그 말에 큰 두려움을 느꼈다. '나는 정말 엄마와 같은 부류의 인간인가? 나도 사람들한테 무의식적으로 엄마와 같은 행동을 하고 있나? 나는 진짜 어떤 인간인가?' 그들이 나눴던 대화는 내 안의 판도라의 상자를 너무 크게 열어버렸다. 엄마는 그 당시에 나의 설득으로 내가 다니는 교회에 출석

했고 집사님이 되었다. 교회는 소문이 빨라서 내가 누구의 딸인지 아는 것은 시간문제였다. 교회 사람들이 엄마를 보면서 나를 엄마와 같은 부류의 사람으로 평가하게 될까 봐 두려웠다. 나는 15년 동안 다녔던 그 교회를 더 이상 나가지 않았다. 모든 청년부 활동을 그만두었고, 교회 친구들과도 연락을 피하고, 예배는 집 근처의 작은 개척교회에서 드렸다.

넌 너의 약한 모습을 드러내면 나한테 버림받을까 봐 두려워하는 거야.

– 영화 〈굿 윌 헌팅〉 중[6] –

그때까지도 나는 실제로 하늘 어딘가에서, 우주 어딘가에서, 절대자의 존재가 인간의 삶을 조정하고 있다고 생각했다. 15년 동안 교회를 다니면서 부자가 되게 해달라고 기도를 한 적도 없고, 행복하게 해달라고 기도를 한 적도 없었다. 부모님이 열등감에서 벗어나게 해달라고 기도 했고, 그들이 더 이상 나에게 상처주지 않게 해달라고 기도했다. 그러나 내가 했던 기도에 대한 응답은… 없었다. 개척교회로 옮기면서 나는 답을 달라고 했다. 마지막 발악이었던 것 같다. 3일 금식기도, 40일 저녁 금식기도, 일주일 단식기도, 작정기도, 다 해봤다.

'나는 왜 엄마의 자식으로 태어나야 했으며, 내가 어떻게 해야 저들이 더 이상 나에게 상처를 주지 않을 수 있습니까? 내가 결혼을 한다고 한들 부모님과 다르게 살 수 있다고 어떻게 장담한단 말입니까? 민수는 잘난 부모님 만나서 인생 초반부터 평탄하게 흘러가고, 철수는 부모 없이 고생만 하다가 그렇게 죽어야 하는 이유가 대체 무엇인가요? 공평하신 하나님이라고 하던데 뭐가 공평하단 말입니까? 질투하는 하나님이라고 하던데 당신도 심각한 열등감의 소시오패스입니까? 지구를 만든 이유가, 인간을 창조한 이유가, 혹시 인형놀이하고 싶어서입니까? 어려운 질문은 하지 않겠습니다. 우주의 빅뱅이나 진화론은 다 거두절미하고 현실적인 문제에 대한 이해 정도는 하게 해줄 수 있지 않나요? 성경에서는 들풀도 입히시고 새들도 먹이신다 하더니, 이단집단에 속아서 인생 말아먹은 젊은이들은, 역전의 노숙자들은 열외인가 봅니다. 인간이 대한 연민이 없던지, 니체 말대로 죽었던지, 아니면 프로그램 돌려놓고 낮잠이나 자빠져 자고 있던지, 셋 중에 하나가 아니면 대답 좀 해주세요'

그 당시에는 아무런 대답이 없었지만, 지금에 와서는 모든 것을 알게 되었으니 내 기도에 응답하지 않았다고 말할 순 없다. 그리고 기도를 수단삼아 정신병자처럼 달려드는 나에게, 전생과 영혼의 본질에 대한 개념을 말해줬다면 기독교에 처박은 15년과 헌금을 토해내라고 하나님의 머리채를 잡아 뜯었을 것이다. 그러니 내가 하나님이라도 아무 말 못 했을 것 같다.

정신이 병에 걸렸을 때는 대체로 내적 고통 때문에 자신의 중요성과 개성을 보호하지 않을 수 없는 상황에 처할 때이다. 이때 징후는 여러 형태로, 예를 들면 극단적인 의심과 충동적인 생각, 병적인 회의 등으로 나타난다.

– 알프레드 아들러, 《아들러의 말》(2017)[12] –

중고등학생에게 영어를 가르치던 일이 직업이었던 나는 교사가 꽤나 나와 잘 맞을 것이라고 착각했다. 학생들의 마음속 이야기를 들어주고 그들의 마음을 어루만져주면 세상이 변할 것이라고 믿었다. 그러나 나는 좋은 선생님이 아니었다. 미하엘 하우스켈러의 《인간은 왜 살아야 하는가》라는 책을 보면 비트겐슈타인이 지역 교사로 학생들을 가르칠 때, 과한 열정과 엄격함 때문에 학생들로부터 많은 사랑을 받지 못했다고 적혀 있다. 제자들에게 너무 많은 것을 기대하고 요구한 그의 6년 교사 생활과 나의 10년 과외 생활은 크게 다르지 않아 보였다. 나의 과한 열정과 엄격함의 원인은 그들의 입시 성적이었고, 내신을 3등급 위로 올려야 하는 것이 가장 큰 목적이 되어, 마음을 어루만져 주기는커녕 돈 받은 것에 대한 대가와 나의 실적 올리기에 이미 눈이 돌아간 것이다. 학벌과 성적이 전부가 아니라고 생각하는 나의 신념과 학벌과 성적이 중요한 입시세계의 현실 사이에서 수도 없이 딜레마에 빠졌지만 시간이 지나면 또다시 실적 올리기에 미치광이가 되어 있었다. 부모님이 나에게 했듯이 나는 학생들을 숨 막히게 했고, 부모님이 나에게 했듯이 학생들에게 독설을 날렸다. 나는 이런 내 모습이 싫었다. 부모님과 비슷한 모습이 순간순간 튀어나올 때마다 나는 매번 자기혐오에 빠졌다.

　　나는 내가 중고등학교 시절 싫어했던 선생님이 되어 있었다. 직업 특성상 학생들에게 이것저것 가르치다 보니 인생까지 가르치는 꼰대가 되어버린 것이다. 내가 학생일 때도 나 같은 선생님을 보며 속으로 생각하길 '너나 잘하세요'라고 했는데…, 내가 그런 부류가 되다니 스스로 한심했다. 인생에 대해서 뭘 그렇게 잘 알고 있다고 학생들에게 이래라저래라하는지… 나는 내 주둥이를 꿰매고 싶었다.

엄마는 본인이 원하는 남자를 나와 연결하기 시작했다. 엄마가 좋아하는 대기업 다니는 남자, 엄마가 좋아하는 돈 많은 남자, 엄마가 좋아하는 집안 좋은 남자. 그 남자들이 나와 잘 맞는지 안 맞는지는 궁금하지도 않았다. 엄마가 들이대는 모든 남자가 그냥 싫었다. 내 안에서 엄마의 신뢰감은 이미 제로에 가까웠고, 엄마가 나를 위해 해준다는 모든 행동도 거부감이 들었다. 엄마의 만족을 위해 그 남자들을 만나자니 내가 미칠 노릇이고, 나의 행복을 위해 안 만나자니 엄마의 시달림에 숨이 막혀 영혼이 유체 이탈을 시도할 것만 같았다.

과외와 강사생활이 안정되고 집과 차가 생기자 내 주변에는 나에게 돈을 요구하는 사람들이 몰려들었다. 보험에 가입해 달라는 사모님, 자신의 사업에 투자하라고 설득하는 집사님, 대출 이자 때문에 돈을 빌려 달라는 장로님, 같이 요식사업을 하자고 제안하는 권사님까지… 힘들면 지푸라기라도 잡고 싶으니 그럴 수 있다고 생각한다. 그러나 그들의 요구를 거절하자 내가 돈을 좀 벌더니 변했다며 뒤에서 나에 대한 험담을 하고 다니기 시작했다. 사람에 대한 회의감이 나를 회피성 성격장애로 만들었다.

시간이 지날수록 나는 모든 게 다 피곤해졌다. 속세를 떠나 자연 안에서 아무 생각 없이 쉬고 싶었다. 기도하면 모든 게 다 변할 것이라는 헛된 희망을 주는 교회도, 성적에 미쳐 꼰대 짓을 하고 있는 내 모습도, 본인 열등감을 해결하기 위해 자식을 이용하는 엄마도, 돈 때문에 나를 이용하려는 사람들도, 숙제는 하지도 않으면서 아이돌 동영상이나 보고 있는 학생들도, 전부 다 꼴 보기 싫었다. 모든 것을 놓고 쉬지 않으면 이 비관적인 생각이 내 자아를 파괴할 것만 같았다. 아무도 나를 모르는 곳으로 떠나고 싶었다. 몰디

브에 가서 에메랄드빛 바다를 보면서 쉬면 괜찮을까 싶었지만, 거기까지 갈 돈이 없으니 제주도라도 가자고 생각했다. 나는 과외를 전부 다 그만두고, 차에 짐을 싣고, 제주도로 갔다. 언제 돌아온다는 계획 없이 그냥 무작정 떠났다.

> 분열된 인격을 치유하기 위해서는 인격이 균열되는 정도가 아니라 완전히 붕괴되는 경험을 거쳐야만 한다. 그래야만 인격을 하나로 통합하려는 구심력과 자기를 유지하려는 건강한 욕망이 나타나 분열에 저항할 것이기 때문이다. 이런 힘과 욕망을 통해 신경증 환자는 자신의 인격을 통합할 수 있다는 가능성을 깨닫게 된다. 이런 일은 중년에 아주 빈번하게 일어난다. 현명하고 신비로운 인간의 본성은 우리로 하여금 생의 전반기를 끝내고 후반기를 준비하도록 우리를 변화시킨다.
>
> – 대릴 샤프, 《생의 절반에서 융을 만나다》(2009)[2] –

그렇게 제주도에 가서 정신과 상담을 받게 되었고, 엄마가 자기애성 인격장애라는 것을 알게 된 것이다. 상담 선생님은 나의 꿈에 대해서 많은 질문을 했는데 나는 비오는 여름밤마다 지속적으로 꾸는 악몽과 천둥 번개에 대한 공포를 하소연했다. 내가 천둥 번개에 갖는 공포는 일반 사람들이 느끼는 큰소리에 대한 두려움과는 많이 달랐다. 한밤중에 천둥 번개가 칠 때마다 나의 교감신경이 자극되어 급격하게 초조해지면서 심장박동수가 오르내리기를 반복했다. 선생님의 마지막으로 이렇게 이야기했다. "혹시 전생을 믿는지는 모르겠지만 전생 최면 치료를 받아보는 것도 좋을 것 같아요. 원하시면 최면 전문가를 만나게 해줄게요." 그날부터 전생이 실제로 존재하는지, 존재한다면 전생에 무슨 죄를 지었길래 내가 엄마의 딸로 태어났는지 궁금해지기 시작했고, 유튜브에서 설기문 선생님의 최면 치료 영상을 찾아봤다. 가끔 최면 유도 영상을 듣고 혼자 해보려고 노력했지만 꿀잠만 자고 일어났다.

기독교가 만들어낸 지옥이라는 협박은 정신과 선생님을 만난 이후로 더 이상 나에게 설득력이 없었다. 부모님의 타고난 기질을 설명할 수 있는 이론, 내가 그들 때문에 고통받아야 하는 이론, 철수가 왜 그렇게 죽었어야 하는지 설명할 수 있는 이론은 전생밖에 없었다. 2019년 9월, 나는 기독교와 작별했다. 삶에 대한 희망을 주고 사랑을 배우는 역할은 기독교가 충분히 가능하다고 생각한다. 누군가는 기독교에서 자신만의 답을 찾았을 것이다. 그리고 누군가는 기독교에서 평안을 얻었을 것이다. 그러나 나는 그러지 못했다. 종교도, 심리학도, 철학도, 내 삶에 일어난 일들을 이해시켜주지는 못했다.

새는 알을 깨고 나온다. 우리가 눈으로 보는 사물은 우리 바깥에 있는 사물이 아닌 우리 내부에 있는 사물이다. 다른 사람들이 가는 길은 쉬운 길이지만 나 자신이 가는 길은 험한 길이다. 누구에게나 인생의 길은 그렇다. 그렇지만 우리 모두는 바로 그 험한 나 자신의 길을 가야만 한다. 새는 알을 깨고 나온다. 알은 곧 세계다. 새롭게 태어나려면 한 세계를 파괴하지 않으면 안 된다.

– 헤르만 헤세, 《헤세의 인생공부》(2020)[13] –

내 삶에서 일어난 일들이 다른 사람들의 삶에서 일어난 일들과 비교해서 유난히 특별하다거나 큰 고난이라고 생각하지는 않는다. 그것을 알고 있었기 때문에 내 안에서 자살이라는 단어가 떠오를 때마다 나의 나약함을 스스로 비관하고 자책했다. 사람들은 행복하기를 원하지만 나는 행복은 바라지도 않았다. 그저 편안하게 숨을 쉬고 싶었다. 숨 막히는 엄마의 비난과 질책을 벗어나서 마음이 편안한 상태로 숨 쉬면서 살고 싶었다. 맞다. 나는 정말 살고 싶었다. 그래서 히키코모리가 되기를 선택한 것이다. 나약한 나는 엄마와 마주할 때마다, 삶에서 문제와 부딪칠 때마다 매번 자살하고 싶다고 생각했을 것이고, 무의식에 쌓여 있는 쓰레기들은 언제고 다시 튀어 올라 나의 삶을 망칠 게 뻔했다.

인간론 - 알렉산더 포프

모든 자연은 다만 그대가 알지 못하는 예술

모든 우연은 그대가 보지 못하는 인과

모든 부조화는 이해되지 못한 조화

모든 부분적인 악은 전체적인 선

그리고 오만과 이성의 오류에도 불구하고

명백한 하나의 진리가 있으니

존재하는 모든 것은 옳은 것이니라.

– 김선경, 《누구나 시 하나쯤 가슴에 품고 산다》(2019)[14] –

Part 2

정화 과정

1.

가장 부정적인
에너지를 차단하다

류시화의 책 《새는 날아가면서 뒤돌아보지 않는다》에서 투우사와 싸우다 지친 소가 쉬는 장소를 케렌시아라고 했다. 케렌시아의 뜻은 피난처이자 안식처이다. 먹고 살기 위해 매일 전쟁을 하던 내게 제주도의 자연은 케렌시아와 같은 장소를 제공해주었다. 아침에 눈을 뜨면 아무런 생각 없이 창밖의 하늘과 구름과 바다를 그저 바라보기만 했다. 하늘을 그토록 오래 보고 있었던 것도, 구름을 그토록 오래 보고 있었던 것도, 바다를 그토록 오래 보고 있었던 것도, 살면서 처음 해보는 일이었다. 그렇게 바라보기만 하다가 졸리면 자고, 배고프면 먹고, 걷고 싶으면 걸었다. 의식의 흐름을 따라 한량같이 살았다. 그렇게 시간을 보내고 나니 숨쉬기가 한결 편해졌다. 나는 숨을 쉬고 싶어서 모든 것을 내려놓았던 것 같았다.

2019년 10월. 한라산 영실코스의 단풍은 그야말로 장관이었다. 등산로 입구까지 가는 차도에서 단풍의 아름다움을 기억에 최대한 담으려고 천천히 운전하면서 올라갔다. 나의 마음이 정화되고 있다는 것을 느껐다. 등산로 입구에 주차를 하고 등산로를 오르며 나는 한 가지 생각만 지속적으로 반복했다. 나는 무엇을 했을 때 마음이 가장 평안했는가.

강사생활도 과외도 다시 하고 싶지 않았다. 그 생활을 하면서 나는 먹고 살기 힘들다는 말을 입버릇처럼 달고 살았다. 하루하루 버둥거리는 내 삶과 주변인의 삶은 크게 달라 보이지 않았다. 나에게 배부른 소리 하지 말라고 하는 사람들도 있을 것이다. 학생들을 가르치는 일보다 힘든 일이 얼마나 많은데 징징거리지 말라고 할 수도 있겠다. 맞다. 난 징징거렸다. 일이 힘들었기 때문이 아니라 매일 매일 똑같이 흐르는 일상에 질려서 징징거린 것이다.

수업 준비를 하고, 교재를 만들고, 학부모와 통화를 하고, 학원 수업이 끝나면 과외를 했다. 10년을 하루하루가 똑같이 바쁘게 흘러갔고, 일에 지쳐 학생들의 마음을 읽어주기는커녕 내 마음을 읽을 시간도 없었다. 그 와중에 나에게 진심으로 감사를 표현한 학생들이나 학부모들도 많았고, 그들을 보고 배운 것도 많았다. 그리고 소시오패스 같은 부모와 학생들 때문에 마음에 상처를 받은 일도 있었고 그들을 타산지석 삼아 배우기도 했다. 나는 이 일에서 배울 만큼 배웠고, 할 수 있는 것들을 다 했다고 생각했다. 다른 일을 하고 싶었다. 아니, 다른 일을 하기보다 그냥 하고 싶은 것을 맘대로 한번 해보고 싶었다.

산 중턱에 하얗게 죽어가는 구상나무숲 앞에서 철학자 하이데거가 했던 말을 떠올렸다. '죽음을 자각하는 자만이 일상성에서 벗어나 본래의 삶을 살 수 있다.' 당장 죽는다고 생각하면 실감이 안 나니까 몽테뉴처럼 1년 후에 죽는다고 생각해 보았다. 남은 1년 동안 무엇을 제일 하고 싶은가.

책을 읽고 싶었다. 내 삶에서 가장 평안했던 시간은 대학교에 입학해서

2년 동안 책을 읽고 친구의 화실에서 그림을 그리던 때였다. 취업하기 위해 3학년 때 실험실로 들어가면서 이후에 시간의 여유가 생긴다면 꼭 다시 하고 싶었지만 나는 항상 '하고 싶은 일'과 '해야 하는 일' 사이에서 '해야 하는 일'을 선택했다. 더 늙기 전에, 결혼하기 전에, 단 한 번은 하고 싶은 일을 해야 할 것 같은 의무감이 들었다.

> 탄생은 곧 죽음의 선고이다. 이러한 사실을 아는 것은 삶에서 우선적으로 해야 할 일들을 재정렬시킨다. 무엇이 가장 중요한가? 공중에 던진 막대기는 무거운 끝으로 떨어지게 되어 있다. 당신이 이 삶에서 계속해서 무겁게 축적하고 있는 것은 무엇인가? 행복의 부재, 코끼리에 대한 갈망, 단맛이 나는 칠리에 대한 헛된 기대, 혹은 분노, 질투, 이기심 같은 부정적인 감정들은 결국 무거운 막대기 끝이 되어 머리 위로 떨어질 것이다. 그리고 그것은 삶의 다음 순간, 혹은 다음의 생을 결정지을 것이다. 인도의 어느 방랑승이 말한 것처럼 마치 머리에 쓰고 있는 터번이 불에 타고 있는 것과 같은데 우리는 지금 무엇을 하고 있는가? 이 세계에서 우리를 묶고 있는 온갖 구속, 매듭, 계획과 일들을 내려놓고 자신의 삶이 어디로 가고 있는지 명상해야 한다. 한 장소에서 다른 장소로 몸을 데려가는 것, 몸을 건강하게 하고 먹이고 씻기고 하는 등, 이 모든 일들이 우리의 시간을 다 빼앗고 있다. 마음을 위한 시간은 언제나 매우 적게 남아 있다.
>
> – 아잔 브람, 《술취한 코끼리 길들이기》(2013)[15] –

코로나바이러스가 한국으로까지 퍼지면서 제주도의 상권이 폭삭 내려앉았다. 친구가 일하는 수제 햄버거집에서 숙식 제공을 받고 알바를 하고 있던 나는 손님이 없는 식당에 눈치가 보여 더 이상 있을 수 없었다. 2020년 2월. 육지로 돌아왔다. 제주도에 갈 때와 같이 차에 나의 모든 짐을 싣고 운전을 해서 집까지 왔다.

돌아오는 그 길에 나는 엄마가 나에게 주입했던, 부질없다고 느껴지는 가치 기준을 전부 다 버렸다. 엄마가 생각하는 성공에 대한 가치 기준, 엄마가 생각하는 좋은 직업의 가치 기준, 엄마가 생각하는 아름다움의 가치 기준, 엄마가 생각하는 결혼에 대한 가치 기준, 엄마가 생각하는 사랑에 대한 가치 기준, 엄마가 생각하는 행복에 대한 가치 기준, 엄마가 생각하는 인생에 대한 가치 기준, 전부 그 길 위에 버리면서 집으로 돌아왔다. 그리고 남자친구에게 이별을 통보했다. 그 친구의 말이 이렇게 될 줄 알고 있었다고 했다. 나는 남자친구를 사랑한 적이 없다고 했다. 머리를 망치로 한 대 맞은 듯했다. '아… 알고 있었구나.' 맞다. 여차하면 도피처 삼아 결혼할 생각으로 남자친구의 조건을 보고 만난 것이다. 정말 좋은 사람인데 사랑하는 마음이 없던 것을 보면 인연은 정해져 있는 것이 확실해 보였다. 혹시 이 남자가 내 인생의 마지막 남자라고 해도 후회하지 않을 자신이 있냐고 백 번도 더 물었으나 백 번 모두 후회하지 않는다고 생각했다.

2020년 4월. 집 옆의 물류회사에서 오전 알바를 구했다. 영어강사의 인생은 끝나고 일용직 육체노동자의 삶을 시작했다. 집에 있던 정장과 원피스는 중고나라에 팔거나 기부했고, 추리닝과 맨투맨티셔츠를 사서 입기 시작했다. 옷이 날개라더니, 나 자신이 그렇게 초라해 보일 수가 없었다. 그런데 나는 행복했다. 강사생활은 계속 입을 나불거려야 하는 직업이고, 사람을 상대해야 하고, 상담을 해야 하고, 수업 준비를 해야 한다. 자기애성 인격장애 엄마의 딸답게 나는 완벽주의자가 되어 학생들의 교재도 직접 내 손으로 만들어야 직성이 풀렸고, 일이 없는 날에도 학부모들의 상담전화를 다 받았고, 밥을 먹을 때도 유명한 영어강사의 수업을 듣고 그들의 말솜씨를 카피

했다. 그러니 물류센터는 나에게 천국이었다. 아무 말 하지 않고 물건만 수량에 맞게 옮겨주면 끝이었다. 상담할 일도, 사람을 상대할 일도, 업무를 집으로 끌고 들어올 일도 없었다.

나는 아이패드를 구매해서 그림을 그렸고, 책을 읽기 시작했다. 일이 끝나고 집에 오면 2시간 낮잠을 자고 4시부터 밤 12시까지 책을 읽고 그림을 그렸다. 심리학, 철학, 전생, 채널링, 역사, 소설, 에세이, 자기개발서 등 코로나로 전 세계가 힘들었던 2년 동안 읽은 책의 권수는 내 평생에 교과서를 포함해서 읽은 권수보다 몇 배나 많은 양이었다. 물류 센터 알바로 받은 100만 원 남짓의 돈은 생활비와 책값으로 전부 다 썼다. 돈이 없을 때는 국립도서관에서 빌려서 읽거나, 헌혈을 해서 문화상품권을 받아 구매해서 읽었다. 일할 때도 이어폰을 끼고 북튜브 채널을 계속 들었다. 나는 책에 완전히 미쳐 있었다.

중간(아나하타)에는 여인이 책을 보고 있다. 그녀는 마음을 닦고 있으며, 자신의 지식과 의식을 확대시키고 있다. '황금 꽃의 비밀'에서 융은 가운데 그림을 가리켜 '중앙의 그림은 묵상의 표현'이라고 했다. (중략) 아나하타 그림 중앙에 나와 있는 문자는 얌(yam)으로, 그 뜻은 공기이다. '우리와는 완전히 다른, 자기(self)의 섬광이 가슴 차크라에서 일어난다. 자아는 자기의 작은 부속물이다. 자아는 항상 뿌리 차크라에 머문다.'라고 융은 말한다. 의식의 중심으로서 자아는 의식에 고착되어 있다. 그러나 네 번째 차크라로 오를 때, 자아는 갑자기 자기를 발견한다. '자기가 우리를 인도할 때, 우리는 이방인과 같다.' 이것은 우리가 여기에서 뭔가 다름을, 뭔가 친근하지 않음을 느낀다는 것을 의미하며, 의식과 무의식이 서로 연결됨을 의미한다. (심장: 아나하타 차크라. 사랑, 이해, 용서를 주관하는 차크라)

– 아놀드 비틀링어, 《칼융과 차크라》(2010)[16] –

엄마가 밭에서 수확한 채소들을 가져가라고 계속 전화했다. 사실 나는 이런 것들을 먹지 않는다. 그저 효도하는 방법 중 하나라고 생각했기에 받아왔던 것이었다. 제주도에 있는 동안 엄마를 만나지 않고 자연을 보면서 마음이 조금 평안해져 있던 나는 부모님의 집에 가는 것이 두려웠다. 다시 감정 쓰레기통 역할을 하게 되려나? 이번엔 듣지 말고 단호하게 내 방으로 들어가자. 다시 내 마음을 휘젓고 싶지 않았다. 굳은 결심을 하고 부모님의 집을 방문했다.

역시 엄마는 변함이 없었다. 날 보자마자 한숨을 푹푹 쉬고 미간을 찌푸린 익숙한 표정으로 부정적인 감정을 내뿜기 시작했다. 나는 결심한 대로 행동했다. 장거리 운전을 해서 피곤하다는 핑계를 대고 방으로 들어갔다. 엄마는 자신의 이야기를 들어주지 않는 나에게 마음이 상해 방문 앞에서 큰소리로 온갖 비난을 쏟아내기 시작했다. 시간이 지나면 잠잠해지지 않을까 싶어 방에서 조용히 있었다. 그러나 거실에서 분노를 토해내는 엄마의 모습은 앵그리버드를 넘어 헐크로 진화했다. 나는 결심했다. 이대로 그냥 집으로 가자. 나는 부모님 집에 도착한 지 30분 만에 집에서 나왔다.

운전을 하고 집으로 가는 길에 엄마에게 전화가 걸려 왔다. 전화기 너머로 들리는 폭발적인 광분의 목소리는 헐크를 넘어 베놈에 가까워지고 있었다. 엄마다웠다. 엄마는 내가 일을 하고 있어도, 운전을 하고 있어도, 친구들과 같이 있어도 전화를 걸어 자신의 감정을 가감 없이 드러내는 사람이었다. 나는 처음으로 엄마가 말을 하는 도중에 전화를 끊어 버렸다. 내가 어떻게 그렇게 할 수 있었을까? 정신과 선생님의 조언이 내게 통한 걸까?

운전을 하고 집으로 오면서 곰곰이 생각했다. 엄마가 나를 따뜻한 눈
길로, 사랑스러운 눈길로 바라봤던 적이 있었나? 나를 흘겨보던 눈빛,
입술을 꽉 다물며 양옆의 볼에 힘을 주던 턱 근육, 좁혀진 미간 옆으로
치켜 올라간 눈썹. 엄마는 내가 못마땅할 때마다 그런 표정으로 나를 바
라보았다. 나는 깨달았다. 아니, 인정했다. 엄마는 나에게 죽는 순간까지
도 내가 원하는 사랑을 주지 않을 것이다. 사람은 변한다. 그러나 쉽게
변하지 않는다. 엄마는 변하지 않을 것이라는 것을 이제 인정해야 했다.

그 많은 시간 동안의 경험과 제주도에서 정신과 선생님의 조언과 유
튜브와 심리학 서적들의 모든 내용을 종합해볼 때, 엄마와의 에너지를
완전히 단절하는 시간이 나에게 필요하다고 판단했다. 2020년 6월 15
일, 부모님 집에서 돌아오는 길에 엄마를 내 마음에서 버렸다. 나는 이런
결심을 할 만큼 단호한 인간이 아니다. 어떻게 이런 일을 할 수 있었는지
나도 잘 이해가 안 간다. 더 신기했던 사실은 내가 그렇게 한 것에 대해
서 일말의 죄책감도 없었다는 것이다. 아니 오히려 너무나 자유로웠다.
이상했다. 엄청난 해방감이 느껴졌다. 그동안 그렇게 사랑했고, 사랑받
고 싶어서 노력했던 엄마를 마음에서 버렸는데 눈물 한 방울도 나지 않
았다. 아니, 오히려 웃음이 나왔다.

자기가 사랑해 온 것, 그것에 대한 갑작스런 공포와 양심, 의무라 했던 그것에 대한 멸시에
찬 번갯불, 편력, 타향, 소원, 싸늘함, 동결에 대한 반동적이며 의식적이며 화산과도 같은
욕망의 분출, 사랑에의 증오심, 아마도 자신이 지금까지 숭배하고 사랑해 온 그곳까지 역

행하는 신전 모독과도 같은 손짓과 눈초리, 아마도 자신이 방금 한일에 대한 격렬한 수치심, 그리고 동시에 승리를 알리는, 승리에 취해 기뻐 날뛰는 내면의 전율, 그 일을 해냈다는 데 대한 광희가 승리라고? 무엇이 승리란 말인가? 누구에게 승리했단 말인가? 신비스럽고 의문투성이의 애매모호한 승리, 하지만 아무튼 간에 최초의 승리인 것이다. 그 엄청난 해방의 사건 속에서 이 같은 악의와 고통이 따른다. 그 해방이란 것은 동시에 인간을 파멸시킬 수도 있는 병이다. 스스로 결정하고 스스로 가치를 정립시키려는 힘과 의지의 이 최초의 폭발, 자유로운 의지를 향하는 이 의지. 그리고 갈증을 푼 자, 해방된 자가 이제부터 사물에 대한 자신의 지배를 입증하려 할 때 그의 거친 시도와 기행에는 얼마나 많은 병이 나타날 것인가. 만족할 줄 모르는 위임과 더불어 그는 사납게 배회한다. 그가 약탈하는 것이 그의 자만심이 지닌 위태위태한 긴장 상태를 말끔히 씻어주어야만 한다. 그는 자신을 자극하는 것을 갈기갈기 잡아찢는다. 악의에 찬 미소로써 그는 자신이 은혜하는 것, 뭔가 소중하고 순결하다고 생각했던 것을 비틀어버린다. 이러한 사물들이 뒤집힌다면 그것들이 어떻게 보일지 시험한다. 지금껏 좋지 못한 평판을 받아온 것을 그는 이제는 호의로 되돌리려 할 때에는 아마도 거기에 자유의지가 그리고 그 자유의지에서 나오는 쾌감이 있게 되리라. 그가 호기심으로 유혹하려는 듯이 가장 금지된 것의 주위를 살금살금 걸어다닐 바로 그때. 그의 활약과 유랑의 그 배후에는 더욱 모험에 찬 호기심의 의문부호가 자리한다.

– F. W 니체, 마르틴 하이데거, 《니체의 신은 죽었다》(2013)[17] –

2.

**상위자아를
발견하다**

　코로나를 핑계로 부모님 집에 가지 않았고 전화 통화도 최소화했다. 최대한 엄마의 부정적인 에너지를 차단하려고 노력했다. 책을 읽고 그림을 그린 지 두 달 정도가 지난 2020년 8월쯤이었다. 엄마와의 에너지를 단절하면 나의 감정이 요동하지 않을 줄 알았다. 먹고 사는 일에 바빠서 쳐다보지도 않았던 나의 무의식에 있던 분노들은 책을 읽는 과정에서 이제 때가 되었다는 듯이 의식의 표면으로 미친 듯이 치솟았다. 엄마로 인해 생긴 분노와 아빠에게서 습득한 분노 표현 방식은 나의 상상 속에서 내가 원하지 않는 영화를 만들어내고 있었다. 부모님에게 막말을 하는 상상, 집안의 살림을 때려 부수며 소리를 지르는 상상이 지속되었다. 그리고 심장이 아파왔다. 분노와 증오의 감정이 나에게 독이 되고 있다는 것을 깨달았지만 멈추고 싶어도 멈출 수가 없었다. 이런 생각을 하지 말아야지 결심을 해도 어느 순간 또 다시 복수를 하는 상상이 내 의도와 상관없이 뇌 속에서 그려지고 있었다.

　그래서 숨을 쉬어봤다. 그 당시에는 호흡명상이나 차크라에 대해서 아무엇도 모르던 시절이었기 때문에 내 나름대로 혼자만의 숨쉬기 명상법을 사용했다. 들이쉬는 숨에 하나님의 사랑과 빛이 내 안으로 들어와 퍼지고, 나가는 숨에 나의 어둠과 분노가 나간다고 생각하면서 숨을 쉬었다. 처음에는 5분이나 10분씩 숨을 쉬면서 명상을 했고, 심장의 통증이 약해지자 9월부터는 매일 아침 30분에서 1시간 동안 명상을 했다. 그리고 그때부터 그런 생각이 들었다. '혹시 내가 전생에 아빠가 노예였을 때 채찍으로 때렸다거나, 아니면 엄마를 숨 막히게 해서 현생에 거꾸로 당한 걸까?' 그 당시 읽었던 박진여 선생님의 책에서는 카르마가 보복성을 갖고 있는 경우가 많다고 했기 때문에 나도 그럴 수 있다고 생각했다. 그리고 혹시 그런 전생이 있으면 정말 잘못했다고 빌었다. 누구에게 빌었는지 모른다. 예수님이든, 부처님이든, 크리슈나든, 수호천사든, 누구든 나에게 그런 전생이 있다면 용서해 달라고 빌었다.

유진 초이: 저 여인 하나 구한다고 조선이 구해지는 것이 아니오.
고애신: 구해야 하오. 어느 날엔가 저 여인이 내가 될 수도 있으니까.

– 드라마 〈미스터 선샤인〉 중[18] –

그러나 문제는 전생이 아니었던 듯하다. 2020년 10월부터 내가 했던 과거의 잘못들이 꿈에 나오기 시작했다. 표면적인 사건뿐만 아니라 누군가에게 분노를 품었거나, 나쁜 일을 상상했거나, 시기 질투를 느꼈거나 하는 감정까지 모두 다 포함되어 있었다. 종교생활을 하면서 나름대로 착한 일을 많이 했다고 생각했는데, 꿈을 꾸고 아침에 일어날 때마다 거울을 쳐다보기

민망할 정도로 내 자신이 초라하고 못났다고 느껴졌다. 엄마와 나는 다른 줄 알았다. 엄마가 나에게 했던 교묘한 심리전이나 가스라이팅을 나는 다른 사람에게 하지 않았다고 생각했다. 얼마나 교만한 믿음인가. 내가 빛 명상을 하면서 시작된 내 안의 쓰레기와 마주하는 과정은 나를 죄책감의 나락으로 떨어지게 했다. 가끔은 책상에 머리를 박으면서 "안나야, 쓰레기니? 대체 네가 엄마랑 다를 게 뭐야?"라며 혼잣말을 반복했다. 인정하기 싫은 사건들도 있었고, 상대방 잘못이었다고 치부해 버리고 안위하고 싶은 마음도 있었다. 그러나 그렇게 하지 않았다. 그렇게 하면 안 될 것 같았다. 거의 한 달 동안 내 안에 있던 쓰레기들을 뒤집고 반성했다. 나는 진심으로 반성했다. 아니 진심 이상으로 반성했다.

그렇게 한 달이 지난 2020년 11월부터 뭔가가 이상하다는 것을 느꼈다. 누군가 옆에 있었다. 유령이나 귀신 같은 저차원의 존재가 아니었다. 고차원의 에너지가 내 옆에서 돕고 있다는 느낌을 강하게 받았다. 이분과 실제로 대화하기 전에 가장 강하게 존재감을 느낀 건 2021년 3월쯤이었다. 허리가 아파서 물류 알바를 그만두려고 했을 때 그 존재는 내가 자는 동안 내 허리를 치료해주었다. 내가 잠에서 깨려는 그 비몽사몽한 순간에 그 존재는 "때가 아니다"라고 말했다. 나는 이 느낌이 어떤 느낌인지 기억한다. 철수가 죽고 나서 하나님께 따지면서 막 퍼붓고 나서 한 달 후 꿈을 꾸었던 그날, "안나야, 나는 네가 어떤 일을 하든지 기쁘단다."라고 말했던 그 느낌이었다.

가장 중요한 것은 절대적으로 자기 자신에게 정직해지는 것입니다. 내적인 솔직함을 갖고 사는 것입니다. 자기 자신에게 정직함으로써 진실에 접근할 수 있게 됩니다. 자기 자신에게 정직하기란 그리 쉬운 일이 아닙니다. 사람들은 외부의 개념을 가져다가 자신의 내부에 있는 것을 곧 잘 재려고 듭니다. (중략) 갖은 이유와 개념을 핑계로 자신의 솔직함을 포기해 버리곤 합니다. 수백 권의 책 속에 있는 가르침을 따르려고 애쓰면서도 자기 내면에서 진행되고 있는 진실을 피하기 위해서라면 무슨 짓이든 마다하지 않습니다. 내면을 들여다보고 거기에 성실하면 바로 그 순간부터 모든 것이 열리기 시작합니다. 수천가지 질문이 있을 수도 있고 갑자기 모든 질문이 사라질 수도 있습니다. 그러나 그것은 중요하지 않습니다. 자기 가슴에 정직하다면 그 무엇도 그 누구도 희생하지 않게 됩니다. 가슴에 정직한 사람이 진정 강한 사람입니다. 인류 역사상 영적으로 깨어난 사람들의 면면을 들여다보면 그들 모두에게는 핵심적인 공통점이 한 가지 있는데 그것은 모두가 자기 자신에게 절대적으로 거침없이 정직했다는 점입니다. 자신에게 솔직해지려면 자신에게 준엄해져야 합니다. 자신에게 솔직해지기가 어려운 것은 우리가 우리 자신의 불안과 두려움 의심에 자기 자신을 팔아 버리기 때문입니다.

– 아디야 샨티, 《춤추는 공》(2008)[19] –

그렇게 자기반성의 시간이 두 달 정도 지난 2020년 12월이었다. 그 당시 나의 생활 패턴은 명상으로 시작해서 책으로 끝났다. 알바가 끝나면 8시간 이상 침대의 지박령이 되어 책만 읽었다. 책에 완전히 빠져 있던 나는 물류센터에서 일할 때조차 북튜브 채널을 찾아들었다. 그날은 북튜브 채널 '주먹 쥐고 일어서'의 〈티베트의 성자〉를 듣고 있었다.

내가 일하는 물류센터에는 소시오패스적 성향이 아주 강한 미자(가명)라는 여자가 있었다. 미자의 행동은 엄마와 아주 비슷했기 때문에 가까이 지내지는 않았다. 미자는 화가 나면 본인의 감정을 표현하는 데 거침이 없었다. 물건을 던지거나 팰릿(물건을 적재하는 받침대)을 집어던지면 소리가 크게 울리기 때문에 멀리서도 그녀가 화가 났다는 것을 알 수 있었다. 그날도 어떤 일에 화가 났는지 펠릿을 던지면서 씩씩대고 있었다. 이럴 때면 나는 속으로 욕했다. '저년 또 지랄이네, 맨날 저 지랄이구만…' 이런 식으로 욕을 하던 중 그 순간, 내 안에서 에고와 자아가 분리되는 현상이 일어났다. 에고와 자아가 분리되었다고 하기보다는 상위자아를 발견했다고 표현하는 것이 맞는 것 같다. 이런 현상은 특별한 사람만 명상 중에 경험하는 현상인 줄 알았는데, 내 경험으로 보면 꼭 그런 것만은 아니었다. 나는 특별한 사람도 아니고, 그때의 상황은 명상과는 상관이 없었다. 이 상위자아는 내 안의 높은 곳에서 미자에게 욕을 하는 나의 에고를 지켜보고 있었다.

상위자아의 목소리가 들렸다거나 실제로 누군가가 나를 바라본 것이 아니었다. 이전의 나보다 훨씬 더 의식 수준이 높고 평안한 또 다른 나였다. 정신분석학적으로 말하는 다중인격도 아니었고, 귀신이나 채널링 같은 다른 존재도 아니었다. 분명하게 나였다. 내 안에서 이렇게 크게 나를 차지하고 있는 존재? 이게 원래 나인가? 내가 느끼기에 그건 내가 맞는데, 이전의 나는 아니다. 그런데 이후부터 내가 생각하는 방식은 이 상위자아를 계속해서 따라가고 있었다.

생각하는 자를 지켜보는 순간 더 높은 차원의 의식이 깨어난다. 이제 그대는 알게 될 것이니 생각너머에는 무변광대한 앎의 영역이 존재하며 생각이란 그 방대한 앎에 아주 작은 조각임을, 아름다움과 사랑과 창조와 기쁨 그리고 내면의 평화 같은 진정으로 중요한 것들은 모두 마음을 넘어서 일어난다는 것을, 그 마음 너머, 지금 그대는 깨어나고 있다.

– 에크하르트 톨레, 《지금 이 순간을 즐겨라》(2002)[20] –

상위자아를 다른 책에서는 참나, 진자아, 아이엠, 빛, 신, 사랑, 순수존재감, 성령(기독교), 불성(불교), 도(도교), 양심(유교), 아트만(인도 철학), 브라만(힌두교), 다르마(베다 철학), 무한정자(아페이론), 세티로티의 출발점(유대교), 이데아(플라톤 철학) 등 여러 단어로 부르는 듯하다. 나는 이러한 모든 단어의 차이점을 정확하게는 잘 모르고, 내가 느끼기에 나의 지고한 자아는 나의 에고보다 상위 차원에 있었기 때문에 상위자아라는 용어가 가장 적당하다고 생각한다.

상위자아는 자기 자신의 지고한 정신적 자아다. 세상만물을 위에서 관조하고 있는 듯한 강한 정신력을 가지고 있다. 순간 두려움이 엄습해도, 감정기복이 심해도, 외로움이 밀려와도, 분노가 느껴지는 순간에도 전혀 감정의 흔들림이 없다. 그렇다고 무한 사랑이 나왔던 것도 아니고, 모든 것을 이해하는 자상함이 느껴지지도 않는다. 말 그대로 모든 것을 관조한다. 대기권의 종류는 대류권-오존층-성층권-중간권-열권, 이렇게 분류가 되어 있고 기상 현상은 대류권에서 일어나는 현상이다. 대류권에서 번개가 치든, 우박이 쏟아지든, 비바람이 불든, 전혀 동요 없이 성층권이나 중간권 정도에서 내려다보는 느낌이다. 판단을 하지 않는 것이 아니라 판단이라는 개념 자체가 없다. 흔히 말하는 멍한 상태도 아니고, 의도적으로 '아무것도 판단하지 말아야지'라는 생각의 상태도 아니다. 그리고 한 번 상위자아라는 느낌이 무엇인지 알게 되면 자신 안에서 절대 사라지지 않는다.

예를 들면 이런 것이다. 귀걸이를 하면 자기가 귀걸이를 하고 있다는 건 알지만 항상 의식하지는 않는다. 모든 순간 의식하지 않아도 귀걸이를 확인하고 싶으면 거울을 보거나 손으로 만져 보면 바로 알 수 있다. 나는 상위자아의 느낌이 이런 것과 비슷했다. 내가 모든 순간에 상위자아를 의식하지는 않는다. 지고의 경지를 유지하면 좋겠지만 일도 해야 하고, 사람들도 만나야 하고, 책도 읽어야 하고, 생활과 관련한 많은 일을 해야 한다. 그러나 그 상태를 아는 것과 모르는 것은 완전히 다르다. 내가 명상 중이나 삶의 어느 순간 깨어 있기를 선택하면 상위자아를 의식할 수 있고, 나를 관찰할 수 있다.

상위자아의 관찰을 따라가다 보면 이런 과정에는 보이지 않는 길이 있다.

1) 어느 순간 나의 의식이 말하거나 행동하고 있는 나를 관찰하는 상위 자아의 위치에 있다. 성층권에서 대류권을 지켜보듯 상위자아는 끊임 없이 나의 에고를 관찰한다.

2) 평소에 하는 나의 말과 행동을 관찰하면 카르마라고 생각되는 일정 패턴을 보게 되고, 이 행동에 대한 패턴을 분석하기 시작한다. 왜 그 순간 그런 감정이 느껴졌고, 왜 그 순간 화가 났는지, 하나하나 모든 행동에 대해서 자기 자신을 관찰하게 된다.

3) 분석을 거듭하다 보면 내 안에 어떤 악습이 있고, 그 악습이 나의 삶에서 어떻게 작용하여 나쁜 결과를 만들었는지 깨닫게 된다. 본인의 단점을 뒤집어 까서 직면하는 이 과정은 때때로 수치심을 가져오고, 죄책감을 가져올 때도 있다. 대부분의 사람들은 그런 감정을 허용하고 싶지 않기 때문에 자기 자신을 합리화하고 상대방 탓으로 돌리려 애를 쓴다. 그러나 인간은 남은 속일 수 있을지언정 스스로는 속일 수 없다. 그리고 내가 아는 것은 우주도 알고, 고차원의 존재도 알고, 신도 알고 있다. 평생 직면하지 않고 카르마대로 살 것인지, 아니면 죽을 만큼 수치스러워도 용기를 내서 직면할 것인지는 본인 선택이다.

4) 이 과정은 무의식을 표면화시키고, 내 안에 있는 쓰레기를 직면하게 해준다. 그렇게 쓰레기를 하나하나 버리는 과정이 무의식이 정화되는 과정이고, 의식 수준이 향상하는 과정이고, 카르마가 소멸되는 과정이다.

카타 우파니샤드 - 심장의 비밀스런 동굴 속에 에고 의식과 지고한 참 자아 이 두 존재가 함께 머물고 있다. 에고 의식은 잠시도 멈추지 않고 쓴 열매와 단 열매를 번갈아 따먹으면서 쓴 것은 싫어하고 단 것은 좋아하는 희비애락의 파도를 타고 있다. 그러나 지고한 참 자아는 무엇이 일어나도 좋아하거나 싫어하지 않고 그저 지긋이 바라보고 있다. 에고 의식은 어둠 속에서 무언가를 열심히 갈망하고 있다. 하지만 참 자아는 빛 속에서 조용히 지켜보고 있다. 이 둘은 빛과 그림자와 같다. 그래서 깨달음을 얻은 현자들, 심장 속에 거하는, 성스러운 생명의 불의 신께 제사를 드리는 사람들은 이렇게 말한다. "우리를 생명의 불을 밝히게 하소서. 에고를 태워 버리고, 두려움의 바다를 건너 영원불멸의 세계에 도달할 수 있는 다리가 되는 그 불이 가슴속에서 활활 타오르게 하소서."

- 정창영 편역 《우파니샤드》(2016)[21] -

3.

영혼의
본질을 깨닫다

　　고이케 히로시의 책 《2억 빚을 진 내게 우주님이 가르쳐준 운이 풀리는 말버릇》에서 '감사합니다. 사랑합니다.'라는 말을 하루에 수천 번씩 해서 삶이 변했다는 글을 읽었다. 유튜브를 검색해보니 '감사합니다. 사랑합니다.'라는 말을 하루에 만 번씩 말해서 자신의 수입이 늘었다느니 삶이 변하기 시작했다고 말하는 사람들을 보았다. 성경에서도 말에 대한 가르침은 항상 있었기 때문에 그런 맥락에서 비슷한 의미라고 생각했고, 나도 시험 삼아 한번 해보고 싶었다. 돈을 많이 벌기 위한 목적도 없었고, 삶이 크게 변할 것이라는 기대도 하지 않았다. 그저 상위자아의 의식을 따르는 데 도움이 될 것 같았기에 시도한 것이었다.

　　2021년 1월. 이어폰으로 명상음악을 듣고 일을 하면서 '감사합니다. 사랑합니다.' 이 말을 계속 반복했다. 물류센터의 일은 단순 작업이기 때문에 명상음악을 들으면서 그 말을 되뇌기에 아주 좋은 환경이었다. 말을 하면서 구체적인 대상을 떠올리거나, 감정을 느끼거나 그런 것은 전혀 없었다. 때때로 가끔 정말 감사하는 마음이 생기긴 했지만, 늘 그런 건 아니었기 때문에 이 말 때문에 뭔가 크게 내 감정이 변화한 건 없었다.

'감사합니다. 사랑합니다.'라고 매일 되뇐 지 2달 후 2021년 3월 꿈을 꾸었다.

베르사유 궁전의 정원 같은 곳에서 나는 유유히 산책을 한다. 커다란 나무들과 예쁜 꽃들과 잘 다듬어진 정원수들이 아름답게 펼쳐져 있고, 주변에는 하얀 옷을 입은 사람들이 곳곳에서 산책을 하거나 차를 마시고 있다. 그들은 평안한 얼굴로 따스한 햇볕과 맑은 공기를 즐기고 있다. 나는 그 길을 걸으며 기분이 아주 좋다. 나의 기억에는 전혀 없는 친구들을 만났는데 오래전부터 알고 있었던 것같이 편안한 느낌이다. 친구 중 한 명이 나를 따뜻하게 끌어안고 말한다. "그동안 많이 힘들었던 거 다 알고 있어. 고생 많았어. 진짜 힘들었지? 이제 다 괜찮아. 이제 다 괜찮아." 그 순간 마음 깊숙한 곳에서부터 오랫동안 묵혀 왔던 울음이 터져 나온다. 이상했다. 꿈에서 깼지만 감정이 정리되지 않아 한참을 울었다. 시계를 보니 새벽 5시다.

보름 정도 후에 두 번째 꿈에, 아니 꿈이라고 하기엔 의식이 너무나 선명했다. 침대에 누워서 자는 나의 자아가 우주에도 있었다. 분명 나는 침대에서 옆으로 누워서 자고 있었는데, 자고 있는 내가 우주에도 있었다. 두 명이 동시에 보인다거나 두 명이 합쳐져 있다거나 그런 것은 아니었다. 그저 내가 침대에 누워 있는데, 우주에도 똑같은 모양으로 누워 있는 내가 있었다. 침대에 누워 있는 것도 나였고, 우주에 누워 있는 것도 나였다. 그 둘은 동시에 존재했고, 같은 존재였다. 유체 이탈도 아니었고, 투시도 아니었다. 의식은 생생하게 살아있었고, 잠을 자고 있다는 느낌이 아니었다. 우주 멀리에서 빛 같은 존재가 사람의 형상으로 내게 다가왔고, 그 빛은 누워 있는 나를 아주 따뜻하게 안아주었다. 그리고 빛이 뭉쳐지더니 심장 부위로 들어와 합쳐졌다. 심장이 아주 뜨거워졌다. 이것은 핫팩이나 난로가 주는 물리적인 뜨거움이 아니었다. 가장 적당한 표현을 찾아보자면 아주 강력한 사랑 에너지라고 설명하는 게 더 정확하다. 이 빛이 심장을 아주 뜨겁게 만들더니 이번엔 심장 깊은 곳에서부터 울음이 터져 나왔다. 그날도 잠에서 깨어나 한참을 울었다. 시계를 보니 새벽 3시였다.

그 당시에 나는 어떤 일을 경험하고 있는 것인지 결론을 내릴 수 없었다. 나의 일상은 평소대로 흘러가고 있었고, 삶에서 특별하게 변화된 것도 없었다. 속 시원하게 울기는 했지만 이런 것을 특별한 경험이라고 정의 내릴만한 영성도, 철학적 지식도 내겐 없었다. 무엇보다 내가 스스로 영적 체험을 할 정도의 인간이 아니라고 생각했다. 내가 읽었던 책 중 채널링이나 영성서적의 저자들은 모두 어린 시절부터 특별한 영 능력이 있거나, 다른 사람들이 들으면 놀랄만한 어린 시절의 영적체험이 있거나, 머리가 아주 뛰어나게 좋거나, 죽을 고비를 넘기며 임사체험을 했거나 하는 사람들이었기 때문에 나는 이런 유형의 사람들과는 전혀 상관이 없다고 생각했다.

벚꽃이 만개한 2021년 4월 어느 날, 일을 마치고 공원을 산책하는데 이전에 느껴지던 감정 등과는 많은 것이 달랐다. 감정이 고양되어 기분이 매우 좋았고, 내 안에서 편안함이 느껴졌다. 공원 벤치에 앉아 나무의 연두색 새싹들 사이로 쏟아지는 빛줄기를 응시하고 있었다. 깨달음은 한순간이었다. 평소에는 아무 생각 없이 보았던 나뭇잎과 하늘과 구름과 공원에서 놀고 있는 아이들과 길고양이와 햇빛과 지금 벤치에 앉아있는 내 존재, 모든 것이 신이고, 우주이고, 사랑이고, 카르마이고, 빛이다. 귀가 웅웅거렸다. 온몸의 진동수가 상승하는 듯했고, 내 정수리에 빛줄기가 쏟아져 온몸으로 퍼져나가는 듯했다. 신에 대한 개념이, 우주에 대한 개념이, 영혼에 대한 개념이 누군가가 나에게 강력한 텔레파시를 쏘는 것처럼 물밀듯이 밀려왔다. 인간의 영혼은 빛이자, 사랑이자, 신이다. 언어의 개념으로 내 머릿속에 들어왔던 것이 아니지만 다른 말로 아무리 정의하려고 해도 이외에 정확한 표현은 찾지 못하겠다.

그날 이후로 나는 이전의 내가 아니었다. 모델 이소라가 말하길 여자의 인생은 다이어트의 전과 후로 나뉜다고 했다. 인간의 영혼은 자신이 빛이라는 것을 깨달은 전과 후로 나뉜다. 이전의 나는 내가 아니다. 지금의 내가 나다. 나는 이런 감정을 교회에 다니면서도 단 한 번도 느껴보지 못했다. 이 감정은 행복과 평안을 넘어선 것이었다. 이전의 나도 나지만 그것은 내가 아니다. 지금 빛이자, 사랑이자, 신인 나의 모습이 바로 영혼의 본질이다.

> 진정한 변화는 백 번 각오하고 다짐하는 것보다 한 번 제대로 깨달을 때 찾아온다.
>
> – 류시화, 《신이 쉼표를 넣은 곳에 마침표를 찍지 마라》(2019)[23] –

2021년 6월. 그 당시 나는 합일이나 심장 차크라에 대해서는 전혀 몰랐다. 지금 돌이켜 보니 내가 경험했던 모든 과정은 무의식을 정화하는 과정이었고, 영적인 깨달음으로 가는 과정이었고, 의식 수준이 향상하는 과정이었고, 심장 차크라가 열리는 과정이었다. 아침에 눈을 뜨면서부터 나는 이미 빛이고, 사랑이고, 신이었다. 모든 것은 사랑이었다. 세상 모든 만물은 사랑이다. 나를 사랑하는 것은 네 이웃을 사랑하는 것이고, 네 이웃을 사랑하는 것은 신을 사랑하는 것이고, 신을 사랑하는 것은 나를 사랑하는 것이다. 모든 것은 사랑에서 나오고, 사랑은 빛이며, 빛은 인간의 영혼이다. 내 눈으로 내가 빛나는 걸 봤다거나, 신의 목소리가 들린다거나, 주변인에게 갑자기 사랑을 많이 받거나 그랬던 것이 아니다. 그러나 아침마다 분명하게 모든 인류에 대한 사랑이 내 안에 있었고, 나는 스스로 빛나고 있었다. 내 안에서 나오는 사랑이 얼마나 강렬했는지 아침에 눈을 뜨기 전부터 "사랑해"라는 말을 수십 번도 더 반복했다. 누군가가 나에게 전달해주는 사랑이 아니라, 내 안에서 우주로 뻗어나가는 사랑은 몸 안의 영혼을 튕겨버릴 것처럼 강력했다.

이 에너지는 교회에서 찬양을 하면 한순간 고양되었다가 세상에 나와 일을 하면 사라지는 그런 감정이 아니었다. 한 번 이 진동수를 알게 되면 인간은 절대 이전으로는 돌아가지 않는다. 일을 하는 중에도, 운전을 하는 중에도, 누군가가 지랄하는 상황에서도 내가 사랑을 선택하는 순간부터 나를 지고한 상태로 만들었다. 남녀 간의 사랑이나 부모와 자식 간의 사랑을 넘어선 모든 존재에 대한 감사함과 생명에 대한, 인류와 우주를 아우르는 사랑이 심장에서 나왔다. 나는 이런 것을 더 멋있게 설명하고 싶었지만 인간의 언어로 설명하기에는 한계가 있었다. 그러던 어느 날 '올더스 헉슬리'의 《영원의 철학》을 읽다가 내가 말하고 싶은 사랑을 가장 정확하게 표현한 시를 찾았다.

하나의 성품이 완전하고 충만하게 모든 성품에 통하고
하나의 법이 전체를 포괄하여 모든 법을 담고 있네.
하나의 달이 물이 있는 곳 어디에나 스스로를 비추고,
물속의 모든 달은 하나의 달로 아우러지네.
모든 붓다의 법신이 나의 성품으로 들어오고,
나의 성품은 다시 여래와 합하도다.
칭찬과 비난을 넘어서 있고,
허공과 같아서 한계가 없다.
바로 여기, 우리 안에 있으면서,
그 고요와 충만을 늘 보존하네.
오직 찾으려 할 때 잃을 것이요,
잡을 수도 없고 버릴 수도 없으니,
잡지도 버리지도 못하는 가운데 이렇게 얻을 뿐이라.
침묵할 때 말하고, 말할 때 침묵하네.
큰 자비의 문이 활짝 열리니 막힐 것이 없도다.

– 영가 현각 증도가 –

나는 감성적인 인간이 아니다. 아니, 오히려 현실적이고 이성적인 인간에 더 가깝다고 생각한다. 그리고 특히 시는 더더욱 좋아하지 않았다. 시에서 표현하는 함축적 의미를 내 얄팍한 감성으로는 이해하기 힘들었기 때문이다. 그런 메마른 감성인 내가 그 책에서 나오는 시를 읽고 눈물을 흘렸다. 이 시에서 말하는 '하나의 달'이 내 심장에서 뻗어나가는 사랑과 가장 비슷했다. 월인천강. 달이 천개의 강을 비춘다. 하나의 달은 불교에서 말하는 불성이고, 기독교에서 말하는 성령이고, 유교에서 말하는 양심이고, 도교에서 말하는 도이다. 더 정확하게 말하면 불교에서 말하는 6바라밀(보시-베푸는 마음/지계-계율을 지키는 마음/인욕-화를 참는 마음/정진-열심을 내는 마음/선정-명상하는 마음/반야바라밀-우주의 실상을 꿰뚫는 마음), 기독교에서 말하는 성령의 9가지 열매(사랑, 희락, 화평, 오래 참음, 양선, 자비, 충성, 온유, 절제. 갈라디아서 5장 22절) 유교에서 말하는 인의예지(인-측인지심/의-수오지심/예-사양지심/지-시비지심), 도교에서 말하는 음양오행(화-조화/목-보시/수-지혜/금-계율/토-생각). 이것은 전부 하나의 달이자, 심장이고, 사랑이자 영혼의 본질이다. 아무리 종교마다 다르게 표현한들 결국 영혼의 본질은 빛이자, 사랑이자, 신이다.

당신이 이 심오한 영적 오디세이에 막 발을 내딛기 시작했든지, 아니면 오랜 세월 고대해온 통합점에 이르는 당신의 치유 여정을 이 말들을 통해 이끌어가고 있든지 간에, 당신은 모든 생애들이 예고하며 받드는 존재의 더 큰 목적을 깨달아가고 있는 것입니다. 지구의 상승에 참여하고 있는 동안, 당신은 자기 자신의 진화야말로 세상의 의식을 높여주는 가장 직접적인 방법임을 깨닫게 될 것입니다. 그러한 공간으로부터 보면 당신은 더 이상 이 생애로부터 해방되기만을 고대하는 한 인간이 아닙니다. 당신은 자신의 가슴을 사랑하는 시간을 더 자주 가짐으로써 모든 가슴 속의 진실을 해방시키는, 삶의 영원한 해방자입니다.

– 맥 칸, 《사랑 사용법》(2017)[24] –

나의 무의식이 정화되고 영혼의 본질을 깨닫고 나서부터는 꿈이 이전과는 달랐다. 더 이상 무거운 가방을 메고 길을 가는 꿈도 꾸지 않았고, 하늘을 날아갈 때 두꺼운 종이를 뜯어내는 꿈도 꾸지 않았다. 1번 엄마가 등장하는 꿈도 꾸지 않았고, 살림을 때려 부수는 꿈도 꾸지 않았다.

무의식이 정화되었다는 것을 가장 확신했던 계기는 민수에 대한 꿈 때문이었다. 한 달 사이에 똑같은 꿈을 두 번이나 꾸었다.

내 집 앞에서 민수가 나를 계속 기다리고 있다. 나는 바쁜 척 돌아보지도 않는다. 민수는 계속 나를 기다린다. 내가 다가가서 말한다. "더 이상 나 기다리지 마. 나 이제 너한테 아무 감정 없어" 정말 아무 감정이 느껴지지 않았다. 그리움도 없었고, 그렇다고 밉지도 않았다. 무관심이었다. 민수는 울면서 집으로 돌아가고 나는 그저 바라보고 있다.

나는 민수와 헤어지면서 민수와 관련된 모든 사람과 연락을 끊었다. 그 이유는 민수에 대한 소식을 듣거나 우연히라도 보게 되면 감정이 동요하지 않을 자신이 없었기 때문이었다. 그런데 지금은 마주한다고 해도 아무 감정이 없을 자신이 있었고, 내 무의식의 심연 안에 요지부동하게 존재하던 무거운 추도 사라졌다.

이제는 내가 행복을 느껴야 하는 순간마다 불쑥불쑥 올라왔던 쇠 맛이 나는 불쾌감도 없었고, 엄마가 내 안에 심어놓은 수많은 부정적이고 어두운 기운이 전부 사라져 버렸다. 내 안에 어떤 찌꺼기도 남아 있지 않다고 느껴졌다. 걸리적거리는 게 아무것도 없었다. 여기까지만 겪고 끝났다고 해도 나는 감사했을 것이다. 그러나 내가 교회에서 하나님께 분노를 토해낸 탓이었던지 위에서는 그 이상을 전부 다 알려주려고 작정한 듯했다.

> 헤라클레스가 강물을 흘려보내 아우게우스왕의 외양간을 청소했던 것처럼 삶의 세찬 흐름이 내게 남아있던 불순물을 깨끗하게 씻어내 주고 있었다.
>
> – 마이클 싱어, 《될 일은 된다》(2016)[25] –

4.

인도령을
만나다

인도령의 존재를 느낀 것은 2020년 11월부터였지만, 사실 이분이 누군
지도 몰랐고, 허리를 치료해준 사건 외에는 특별하게 나에게 존재감을 드러
낸 적이 없었기 때문에 나는 이분을 거의 무시하고 살았다. 가끔은 나 혼자
착각을 했거나, 영성책을 많이 읽다 보니 혼자 과대망상을 한다고 생각한
적도 있었다. 책을 읽은 지 1년 6개월 정도가 지났고, 명상을 한지 1년 정도
가 지난 2021년 8월 3일. 나는 자다가 양쪽 어깻죽지 날개뼈에 번개를 맞았
다. 이 현상을 어떻게 설명해야 할지 감도 안 잡힌다. 진실하게 쓰라고 해서
쓰긴 하는데 너무 창피하다.

내가 민수와 관계를 하지 않은 가장 근본적인 이유는 어린 시절부터 겪
었던 성추행이 가장 큰 원인이었다. 대한민국뿐만 아니라 지구상에 살고 있
는 많은 여성이 어린 시절 한두 번의 성추행, 심한 경우는 성폭행까지 경험
한다. 이런 경험은 성을 수치스럽다고 여기게 만들고 성경험 자체를 더럽다
고 생각하게 만들기도 한다. 나는 감사하게도 성폭행까지는 경험하지 않았

지만 내 삶에는 지속적인 성추행자들이 있었다. 6살 때 군인아저씨가 나를 납치하려고 시도한 적도 있었고, 초등학교 2학년 때 동내 양아치가 산으로 나를 끌고 가서 손으로 자신의 성기를 만지도록 강요한 일도 있었고, 초등학교 4학년 때 교회의 전도사라는 남자가 자신의 집으로 데리고 가서 옷을 벗기려고 한 적도 있었고, 초등학교 6학년 때 택시아저씨가 성폭행을 시도한 적도 있었고, 중학교 1학년 때 사회선생님이 지속적으로 나의 엉덩이를 만진 일도 있었고, 고등학교 때 야간자율학습을 끝내고 집으로 돌아오는 길에 대머리 아저씨가 나에게 원조교제를 하자며 따라온 적도 있었다.

이 모든 일은 성행위는 나쁘다는 인식을 만들고 거기에 기독교에서 가르친 순결 개념까지 더해져 결혼 전에는 안 된다는 절대적 신념을 만든 것이다. 그런 경험이 나의 무의식을 지배하고 있다는 것도 영혼의 본질을 깨닫기 전까지는 모르고 살았다. 나는 글을 쓰고 있는 이 순간에도 사실 이 기억을 꺼내고 싶지 않고, 자세히 설명하고 싶지도 않다. 살면서 단 한 번도 다른 사람에게 말한 적이 없을 정도로 완전히 의식에서 지우고 살았다. 민수에게도 이런 일을 말한 적이 없으니 당연히 그도 몰랐을 것이다.

무의식이 정화되면서 어린 시절 겪었던 성추행 트라우마까지 사라지자 불교에서 말한 5가지 욕구 - 식욕, 색욕, 수면욕, 재욕, 명예욕 - 중 색욕이 강해지기 시작했다. 게다가 내가 사는 원룸은 전혀 방음이 안 되었던 건지 옆집에서 사랑을 나누는 소리가 라이브로 들려왔다. 너무 궁금했다. 진심으로… 하고 싶었다. 친구 말로는 유럽 남자들이 잘한다고 하던데 프랑스로 잠깐 놀러 갔다 올까 고민했을 정도다. 늦바람이 무섭다더니 나는 노처녀가 되어서 성인 웹툰과 19금 영화에 빠져들었다. 며칠 동안 그런 것들만 보니 명상할 때도, 꿈속에도 전부 야동 세상이었다. 음란마귀가 제대로 씌었으나 나는 이제 기독교인이 아니니 이런 걸로 죄책감을 가질 필요가 없다고 생각했다.

그렇게 일주일이 지난 그날, 자다가 백만 볼트 전기가 내 양쪽 어깨 날개뼈를 통과하더니 "욕정을 끊어내라"라는 말이 들렸다. 자다가 날벼락이라는 말이 딱 들어맞는 상황이었다. 진짜 전기로 충격을 주었기 때문이다. 처음으로 인도령이 말하는 것을 또박또박 정확하게 들었다. 나의 인도령이 인도의 신 인드라인가? 아니면 불교에서 뇌성보화천존인가? 아니면 어벤져스의 토르인가? 아니면 모든 마스터가 이런 능력이 있나? 잠깐만, 그럼 내가 깨달음의 길을 가려면 평생 수녀처럼 살아야 한단 말인가? 나는 그렇게 살기 싫었다. 이제 좀 기독교에서 벗어나서 자유롭게 하고 싶은 것을 다 하고 살려고 했더니 이게 무슨 날벼락인가? 저 그럼 명상이고 나발이고 안 하렵니다. 그날부터 나는 명상을 하지 않았다. 그냥 에고적 욕망에 심취해서 하고 싶은 대로 하고 살고 싶었다.

시간이 지나면서 양심에 찔리기 시작했다. 나를 지금까지 옆에서 인도해준 고차원의 영에게 예의가 없다는 생각이 들었다. 전기 충격은 너무 심했다고 생각하지만 음란물만 안 보면 되지 않을까 싶었다. 또 전기로 등짝을 지질까 봐 음란물을 끊었다. 설마 인도령이 죽을 길로 나를 데려갈까. 그랬으면 내가 무의식을 정화하는 이 모든 과정을 도와주진 않았겠지. 한숨을 푹푹 쉬며 다시 명상을 시작했다.

명상을 다시 시작한지 일주일 정도가 지난 2021년 8월 17일, 꿈을 꾸었다. 그 꿈은 나의 과거, 현재, 미래를 네 장면으로 나누어서 영화처럼 보여주었다. 꿈의 중간 부분부터 말하면 이렇다.

커다란 축구장에는 많은 사람이 있고, 대형 스크린에서 광고가 나온다. 사람들은 눈이 흐리고 초점 없이 맹목적으로 대형 스크린 안의 광고만을 바라보고 있다. 사람들은 축구장에서 광고에 열광하고 있지만 내가 보기에 축구장은 수용소 같았다. 나는 수용소가 답답하고 숨이 막혔다. 그 생활이 너무 지쳐서 지하에 있는 무덤으로 스스로 들어갔다. 그곳에서 죽는 순간만을 기다리며 누워 있는데, 갑자기 손에서 자수정이 나오기 시작했다. 손을 쥐었다 펴면 자수정이 나오고, 또 쥐었다 펴면 자수정이 나왔다. 내 옆에 6명 정도의 사람들이 같이 죽으려고 누워 있었다. 나는 자수정을 사람들에게 나눠주면서 이것을 팔아서 가족들과 행복하게 살라고 말한다. 무덤에서 나와 축구장의 모든 사람에게 보석을 나누어 주려고 한다. 사람들에게 이 보석을 갖기를 원하느냐고 물었더니 가운데 사람들부터 손을 들기 시작해서 파도타기를 하는 것처럼 손을 든 사람들의 모습이 축구장 전체로 퍼져나간다.

꿈에서 깼다. 꿈에서 깨는 순간 내 삶의 모든 퍼즐이 눈앞에서 순식간에 맞추어졌다. 모든 것이 명확해졌다. 과거의 사건들이 어떤 식으로 지금의 나를 만들었고, 내가 왜 제주도에서 히키코모리가 되기로 선택했는지. 그리고 내가 왜 15년 동안 교회에 다녀야 했는지 그저 한순간에 모두 알 수 있었다. 더 정확한 다른 표현은 찾을 수 없다. 눈앞에 아주 커다란 퍼즐 판의 퍼즐이 전부 다 맞추어져 완벽한 그림을 이루었고, 나는 그 그림을 전부 이해했다.

꿈에서 깬 후 침대에 앉아서 정신을 못 차렸다. 내가 꿈을 꾼 것인지, 우주의 어느 영역에 다녀왔는지 의아했다. 출근해야 했으므로 일단 일어나서 샤워를 했다. 샤워를 하면서 머릿속으로 되뇌었다. '이것은 실화인가?' 물류센터의 입구에서 엘리베이터를 타면서도 생각했다. '나에게 이런 일이 일어날 수 있다고? 나는 특별한 게 없는데? 임사체험을 한 것도 아닌데? 똑똑하지도 않은데? 영능력도 없는데? 내가 왜?' 갑자기 영화 〈매트릭스〉에서 네오가 총알을 피하던 장면처럼 내가 걷는 길의 모든 순간이 슬로우 모션으로 느려지기 시작했다. 나의 걸음도, 지나가는 트럭들도, 바람에 흔들리는 나뭇잎까지 화면이 멈춰 버퍼링에 걸린 듯했다. 그리고 가슴에서 인도령의 말이 공명하는 듯이 나에게 전달되었다.

"예수께서 이 땅에 내려와 제자를 삼으실 때 부자된 자, 지식이 많은 자, 교만한 바리새인들을 제자 삼지 않았어. 가난한 자, 병든 자, 과부된 자, 고아된 자, 수고롭고 무거운 짐 때문에 울고 있는 자를 제자 삼았지. 너는 그런 영혼이야. 세상에는 너 같은 영혼이 아주 많아. 죄책감 때문에, 책임감 때문에, 인간에 대한 연민 때문에, 양심에 따라 행동했지만 피해를 봤고, 그로 인해 닥친 일에 대한 분노 때문에, 수많은 영혼이 바벨탑의 지하에서, 지구의 변두리에서 고통받고 울고 있어. 안나야, 지식이 많다고 지혜가 쌓이는 것이 아니고, 지혜가 많다고 진리를 아는 것도 아니야. 너는 그냥 진실하기만 하면 돼."

지식이란 화려한 옷차림과도 같다. 지식은 멋지고, 지식을 과시하는 것은 재미있다. 내가 하버드 대학 교수였을 때, 우리는 둘러앉아서 서로 자신의 지식을 과시했다. 우리의 지식은 놀라웠다. 하지만 안을 들여다보면, 나는 내 '앎'과 내 '존재' 사이에 상당한 불일치가 존재함을 알 수 있었다. 지식은 '알' 수 있다. 하지만 지혜는 아는 것이 아니라 그것이 '되어야' 한다. 나는 내가 위선적이고 절망적으로 끔찍하게 무지하다는 것을 알면서도 주변의 모든 사람들에게 내 지식으로써 감언이설을 쏟아냈다. 지혜가 없는 지식은 절망으로 끝난다.

– 람 다스, 《신에 이르는 길》(2008)[26] –

그날부터 4개월 동안 나에게는 다른 사람들이 들으면 신기가 있다거나, 미쳤다고 할 만한 일들이 일어났다. 인도령은 밤마다 나의 영혼을 육체로부터 분리해서 들어 올리고 벽을 통과해 다이렉트로 내가 가야 할 곳에 가게 했다. 현생을 창조한 원인이 되었던 나의 전생에 대해 알려주었고, 인간의 상념으로 만들어낸 염체가 인간의 무의식에 얼마나 많은 영향을 주는지 보여주었고, 지구에서 힘들게 살아가고 있는 영혼들의 모습을 보여주었다. 전생을 알게 되면서 삶에서 경험했던 일들의 인과관계가 하나하나 맞춰지기 시작했다. 인간이 상념으로 만들어낸 염체들을 보기 시작하면서 무의식의 정화, 카르마의 소멸, 운명의 변화는 결국 염체라는 것을 깨달았다. 지구상에서 힘들게 살아가고 있는 영혼들이 자기 파괴적 성향으로 고통받고 있는 것을 보게 되면서 내 안의 빛을 이들을 위해 비춰야겠다고 결심했다. 죄책감에 괴로워하는 사람들, 자해하는 사람들, 자살하는 사람들, 우울증이나 공황장애로 고통받는 사람들…. 이들은 자신들에게 상처를 주는 구체적 대상이 없는 경우가 대부분이고, 있다고 해도 본인이 사랑했던 사람들이기 때문에 복수를 결심하지 않는다. 고통. 나는 그들의 고통을 연민했고, 분노했고, 해결하고 싶었다.

쇼펜하우어가 보기에 진정한 철학이란 인간의 필멸성을 이해하고 직접적으로나 간접적으로 고통을 경험하는 것에서부터 시작된다. 행복한 사람들, 다시 말해 삶에 아무런 문제의식이 없고 세상에 만연한 온갖 고통과 인간 존재의 유한함을 거의 의식하지 못하는 사람들은 철학을 하지 않는다. 그런 사람들은 세계가 왜 이런 식으로 존재하는지 이유를 묻지 않는다. 그들은 삶에 관해 딱히 생각하지 않은 채 그저 자신의 삶을 살아갈 뿐이다. 물론 세상에는 철학이라 불리지만 세계가 괜찮기만 하지는 않는다는 사실을, 어떤 것들이, 아니 굉장히 많은 것들이 우리가 바라는 대로 존재하지 않는다는 사실을 거의 의식하지 못하는 철학이 아주 많이 있다. 쇼펜하우어 입장에서 그런 "철학"은 전혀 철학이라고 할 수 없으며 말장난에 지나지 않는다. "책장을 넘기는데 눈물이 떨어지는 소리, 울며 이를 가는 소리, 서로가 서로를 죽이는 끔찍한 소음이 들리지 않는다면 그것은 철학이 아니다." 따라서 근본적으로 철학적 궁금증이란 단지 지적 호기심에 불과한 것이 아니라 도덕적 분노에 해당한다.

– 미하엘 하우스 켈러, 《인간은 왜 살아야 하는가》(2020)[27] –

5

전생의 습은 무의식에
전부 저장되어 있다

전생을 기억한다는 것은 내가 예상한 것과 많이 달랐다. 신기하게 느껴질 줄 알았으나 전혀 그렇지도 않았고, 모든 것이 선명하게 기억이 날 줄 알았으나 전혀 그렇지도 않았다. 그저 어린 시절 외할머니댁에서 강아지들과 뒷산에서 뛰어놀았던 기억처럼, 초등학교 4학년 때 추운 겨울에 아빠에게 쫓겨나 옥상에서 벌벌 떨던 기억같이, 스토리는 알고 있지만 팩트 있는 장면만 기억난다. 모든 장면이 구체적으로 떠오르지도 않고, 육체적 감각도 기억나지 않지만 감정만은 선명하게 그대로 남아 있다. 극심한 공포감, 두려움, 슬픔, 분노, 고독, 외로움, 그리움…. 전생의 감정은 자신의 무의식에 그대로 남아 있다.

인도령이 전생을 알려준 방식은 이런 느낌과 비슷하다. 한 가지 장면이 기억나면서 그때의 감정이 나의 영혼을 지배한다. 그리고 마치 모래시계에서 위의 모래가 아래로 내려갈 때 작은 구멍으로 미끄러져 내려가듯, 그 기억에서 느껴지는 감정이 블랙홀처럼 어느 한 지점으로 빨려 들어가 그 느낌과 관련된 또 다른 전생의 장면이 기억나는 방식이다. 예를 들어 고독의 감정을 느끼는 한 장면이 기억나면 그 아래에 다른 전생에서 고독을 느꼈던 장면으로 나를 빨아들이는 것이다. 나의 전생을 차례대로 기억나게 하지도 않았고, 전생의 모든 스토리를 기억나게 해주지도 않았다. 나의 현생을 창조한 원인이 되었던 사건과 장면들만 정확하게 보여줄 뿐 그 외에는 마치 봉인되어 있는 것처럼 느껴졌다.

아래 적는 나의 전생들은 인도령이 보여준 장면과 사건을 토대로 리딩자들을 만나고 최면을 받으면서 구성한 것이다. 리딩자나 최면으로 확인되지 않은 전생은 이곳에 적지 않았다.

> 인간계의 특징 첫 번째는 괴로움이 끝이 없는 고해라는 점인데 그것을 다 상쇄하고도 남을 또 하나의 특징이 있다. 바로 그 고통스러운 삶을 통해 지혜를 배우고 깨달아 갈 수 있다는 점이다. 인간계를 인토 혹은 감인토라고도 한다. 고통을 감내하고 참아내는 세계라는 뜻이다. 그렇다고 무조건 나쁜 곳이기만 한 것은 아니다. 그 고통을 통해 깨달음으로 나아갈 수 있기 때문이다. 쉽게 말해 아주 획기적으로 빠르게 공부의 진화가 일어나고 깨달음에 이를 수 있는 곳이 인간계이다.
>
> – 법상, 《내 안에 삶의 나침판이 있다》(2016)[28] –

현생의 부정적인 카르마를 만든 가장 결정적인 전생은 15세기에 기생으로 살았던 삶이다.

기생에는 급수가 나뉘어 있는데 예악과 시문학에 능한 기생은 상급 기생으로 고관대작이나 왕의 후손들의 말동무를 하고, 하급 기생은 음식을 하거나 술상을 봐주거나 단순하게 몸을 파는 창녀에 가까웠다. 드라마나 영화에서 조선시대 기생을 웃음과 몸을 파는 단순한 장면으로만 묘사하지만 내가 기억하는 상급 기생의 생활은 전혀 달랐다. 시 문학과 그림뿐 아니라 그 당시 유행하는 주자학과 불교철학을 모두 이해해야 하고, 웬만한 유생들과의 대화에서 밀리지 않을 정도의 유식함이 있어야 가능했다. 그리고 너무나 고고하고 지조 있는 정신 상태와 정숙한 생활 문화를 가지고 있었다.

나는 그 당시 내가 속한 기방에서 제일 잘나가는 상급 기생이었다. 기생 집 앞에 나를 보겠다는 선비들이 문전성시를 이루었고, 나는 그들이 하는 모든 말을 알아듣고 대꾸해줄 정도로 유식했다. 나는 상당히 기품 있고 지조 있었다. 그런 기품과 지조는 시간이 지날수록 도를 지나쳐 교만하기가 하늘을 찔렀다. 한밤중에 왕세손이 찾아오면 피곤하다는 이유로 문전박대를 했고, 기방에 많은 후원을 해주던 남자친구(지금의 아빠)도 무식하다고 싫어했다. 나의 교만한 태도 때문에 주변에는 점점 적이 늘어났고, 결국 남자친구는 하급 기생이었던 내 친구(지금의 엄마)와 환승연애를 하면서 나의 실질적 입지는 땅으로 추락했다. 기방의 모든 사람이 나에게 등을 돌렸고 나는 그곳을 떠나야만 했다. 내가 선택할 수 있는 것은 양반집의 첩으로 들어가거나, 머리를 깎고 비구니가 되는 것이었지만, 내 자존심에 첩은 절대 허락할 수 없었고, 그 당시 절에서 일어나는 문란한 일들을 생각해볼 때 비구니도 하고 싶지 않았다. 나는 결국 자살을 선택했다.

교만이 치명적인 상처를 낳아 자신을 죽인다는 것을 우리는 잘 모릅니다. 예기치 않은 불행한 사건은 교만을 교정하기 위한 카르마의 개입일 수 있습니다. 우리가 짓는 마음의 행위는 선업이든 악업이든 당장 결과로 드러나지 않습니다. 그러나 반복해서 쌓이면 그만큼 무거운 카르마가 생기게 됩니다. 그중에서 교만은 가장 부정적이기에 카르마의 법칙은 교만을 교정하기 위해 그에 상응하는 고통이나 불행을 가차 없이 안겨줍니다.

– 박진여, 《당신, 전생에서 읽어드립니다》(2018)[29] –

그다음 생에 나는 서커스장에서 일했다. 서커스의 단장(지금의 엄마)은 나에게 많은 장신구와 옷을 사주었지만 다른 단원들에게는 항상 화를 냈다. 내가 하는 일은 서커스에서 묘기를 보여주는 일이 아니라 내가 키우는 호랑이의 훈련을 돕는 일이었다. 이 호랑이는 내가 어린 시절부터 함께 자랐고, 나의 가장 친한 친구였다. 그 서커스장에서 나는 제일 어린 여자아이였다. 머리는 금발이었고 양 갈래로 따고 다녔다. 내가 기억하는 전생 중에서 그렇게 예뻤던 전생은 없다. 어린 시절부터 서커스장에서 어른들과 일을 했기 때문에 또래 친구가 없었고, 너무 외로웠다. 항상 호랑이만 끌어안고 말을 걸었으나 알다시피 호랑이는 말을 못한다. 집 안에는 좋은 옷과 장신구가 넘쳐났지만 나의 마음은 늘 공허했고, 물질로는 전혀 채워지지 않았다.

서커스 단장의 삶의 목적은 오직 서커스단이 더 흥행해서 돈을 벌어들이는 것이었다. 내가 훈련하는 호랑이가 그 흥행의 가장 주된 역할이었기 때문에 서커스 단장은 나에 대한 소유욕이 아주 강했다. 내 사생활은 오직 궁전 같은 집에서만 가능했고, 친구를 맘대로 사귀지도, 밖에 마음대로 나가지도 못했다. 친구를 사귀고 싶었던 나는 어느 날 단장 몰래 밖으로 나가 길에서 만난 내 나이 또래 여자아이들에게 우리집에 가서 같이 놀자고 했다. 집에 온 아이들은 나에게는 관심이 없었다. 집에 있는 장신구와 옷에만 관심을 가졌다. 친구들에게 환심을 사볼까 해서 장신구와 옷들을 주었다.

아이들은 그것만 챙겨서 가버렸다. 나는 호랑이를 끌어안고 울었다.

나이가 15살? 17살쯤 되었을 때 서커스단장에게 반항하기 시작했다. 숨 막히는 그 생활을 더는 하고 싶지 않았고, 너무 외로웠다. 나는 서커스 단장에게 그곳을 나가겠다고 했다. 단장은 자신의 부탁을 몇 개 들어주면 내가 원하는 대로 해주겠다고 했다. 단장은 어느 날 집이 아닌 다른 고급 식당처럼 보이는 방으로 나를 불러냈다. 단장이 소개해준 남자는 서커스단에 많은 지원을 해주는 스폰서 같은 사람이었다. 얼굴은 동글했고, 뚱뚱했고, 탐욕이 가득해 보이는 중년 아저씨였다. 이 남자가 바지를 벗고 나에게 특정 성행위를 요구했으나, 나는 울면서 싫다고 했다. 그러나 결국 그 남자의 손에 머리채를 잡혀 성폭행을 당했고 그날 집에서 자살했다.

> 저는 자살이 죄이기 때문이라거나 죽은 후에 편치 못하기 때문에 하지 말라는 게 아니에요. 나쁜 짓이기 때문에 해선 안 된다는 게 아니라 너무 많은 기회를 잃는 일이기 때문에 하지 말라는 거지요. 그리고 그 기억이 다음 생에 영향을 미치기도 하고, 또 계획 단계에서부터 자신의 실수(자살)를 만회하려는 의지가 작용하기 때문에 큰 그림으로 봤을 때 성장이 아닌 퇴보를 하게 되는 셈이지요.
>
> – 윤미솔 글, 장성은 그림, 《첫 번째 초대》(2018)[30] –

지금부터 전생에서 만들어진 염체와 현생의 연결에 관한 인도령의 설명을 1인칭 시점에서 적어보겠다. 인간의 생각과 감정은 염체를 만들어낸다. 모든 전생과 현생에서 만들어낸 염체는 무의식에 저장되어 있다. 그리고 이 염체는 정화되지 않는 이상 자신의 무의식에 존재하고 있다가 비슷한 상황이 되면 의식의 표면으로 다시 올라온다. 이것을 카르마라고 하기도 하고, 전생의 습이라고 말하기도 하고, 운명이라고 말하기도 한다. 결국 무의식, 카르마, 전생의 습, 운명, 염체, 이 모든 것은 같은 말이다.

인간의 영혼 안에는 이미 모든 우주의 법칙을 알고 있는 순수존재감이 있다. 그것을 신이라고 하든, 상위자아라고 하든, 불성이라고 하든, 성령이라고 하든, 도라고 하든, 참나라고 하든, 다르마라고 하든, 모든 인간의 영혼 안에는 이미 우주 만물의 법칙을 알고 있는 순수존재감이 있다. 그리고 육체를 벗어난, 즉 에고를 벗어난 영혼은 순수존재감으로 돌아간다. 이 순수존재감은 의식의 진화를 위해 정화해야 할 어떤 염체들이 남아 있는지 자신의 무의식을 활짝 펼쳐놓고 스스로 판단하고 다음 삶을 계획한다. 그 삶이 바로 다음 생의 생년월일시를 결정하고, 명리학에서 말하는 운명을 결정하는 것이다. 그 운명을 살아가면서 무의식에 남아 있는 염체를 정화하고 지혜를 쌓아 의식의 다음 단계로 진화한다.

정직하고 성실하게 자신의 재능을 키웠으나 세상에 펼칠 방법이 없었던 한 영혼의 무의식 안에는 자신의 재능을 펼치고 싶은 강한 염체가 남아 있게 되고, 다음 생에 자신의 재능을 펼칠 수 있는 기회가 주어지는 환경을 선택했다. 기회가 주어지는 환경에 자신을 던져 넣으면 정직하고 성실하게 최선을 다할 수 있다는 것을 영혼 스스로 알기 때문에 가능한 것이다.

세속적 성공에 대한 집착으로 자신의 재능을 키웠지만 세상에 펼칠 방법이 없었던 한 영혼 역시 무의식 안에 세상에 자신을 드러내고 싶은 강한 염체가 남아 있게 되고, 다음 생에 세상에 자신을 드러낼 기회가 주어지는 환경을 선택했다. 그러나 그 성공을 이룬 후 결국 공허함으로 자기 파괴적 성향(알코올 중독, 마약 중독, 섹스 중독)을 경험하게 될 운명에 자신을 던진다. 그 영혼이 성공에 대한 개념을 재정립할 필요가 있다고 판단했기 때문이다.

두 영혼은 성공을 통해 다른 것을 배운다.

양심적인 방법으로 돈을 벌기 위해 노력했지만 결국 가난하게 죽은 한 영혼은 무의식 안에 돈에 대한 강한 염체가 남게 되고, 다음 생에서 가난을 극복할 수 있는 기회가 있는 삶을 선택했다. 가난을 극복할 정당한 기회만 있다면 그 기회를 잡아 도덕적인 방법으로 가난을 극복할 것이라는 것을 영혼 스스로 알기 때문에 가능한 것이다.

비양심적인 방법으로 돈을 벌기 위해 노력했지만 결국 가난하게 죽은 한 영혼 역시 무의식 안에 돈에 대한 강한 염체가 남게 되고, 다음 생에서 가난을 극복할 수 있는 기회가 있는 삶을 선택했다. 그러나 정당한 기회를 버리고 전생과 같이 비양심적인 방법으로 성공을 이루려다가 망신을 당하게 될 운명에 자신을 던진다. 그 영혼이 비양심적인 행동을 하려는 염체를 정화하려면 이런 운명이 도움이 될 것이라고 판단했기 때문이다.

시작은 가난이지만 과정과 결과는 다르다.

자신의 죽음으로 다른 사람을 지키기 위한 이타심으로 자살을 선택했던 한 영혼의 무의식에는 '끝까지 삶을 살지 못한 미련'이 염체로 남게 되고, 그다음 생에서 자살을 할 만한 고난이 있는 운명에 자신을 다시 던져 넣는다. 고난이 있는 삶의 환경에서도 끝까지 살아남아 깨달음으로 승화하여 인류애를 실현하리라는 것을 영혼 스스로 알기 때문에 가능한 것이다.

힘든 상황을 회피하고 싶어 자살을 선택한 나 같은 영혼의 무의식에는 '죽어서 이 괴로움을 끝내고 싶다'라는 자기 파괴적 성향의 염체가 강하게 남게 되고, 그다음 생에서 죽고 싶어도 죽을 수 없는 운명으로 자신을 다시 던져 넣는다. '살아야 한다'라는 염체를 다시 강하게 만들어내지 않으면 자기 파괴적 성향의 염체를 없앨 수 없다고 판단했기 때문이다.

윤회와 관련한 많은 책에서는 자살의 카르마는 고독과 상실의 고통이라고 말한다. 자살의 카르마가 고독과 상실일 수밖에 없는 이유는 고독 속에서도 자살을 선택하지 않는 강인함을 배워야 하기 때문이고, 상실의 고통을 배워야 사랑하는 사람들에게 그런 고통을 주지 않기를 선택할 수 있기 때문이다.

자살을 선택하기 전 인간은 자살해야만 하는 수만 가지 이유를 스스로에게 설명한다. 그리고 죽어야겠다는 결심을 수도 없이 되풀이한다. 자신을 스스로 죽이는 데 보통의 결심으로 실행하는 사람은 없다. 아주 강렬하게 스스로를 설득하고 아주 강렬하게 결심한다. 그 설득과 결심의 염체는 결국 인간의 무의식에 강하게 남는다. 그래서 삶이 조금만 힘들어지고 자기 뜻대로 흘러가지 않으면 무의식에 남아 있는 자신이 만들어낸 강렬한 설득과 결심의 염체가 다시 의식의 표면 위로 올라온다. 두 번의 자살은 나의 무의식에 강렬하게 남기에 아주 충분한 조건이었다. 그러니 그 자살을 극복하기 위해 나는 나 스스로를 그럴만한 환경에 던져 넣어야 했다.

그다음 전생, 그러니까 지금의 전 전생에서 나는 러시아의 대문호 도스토옙스키의 아내인 안나 스니트키나로 살았다. 그 생에서의 삶은 《도스토옙스키와 함께한 나날들》이라는 책을 보면 안나가 아주 자세하게 묘사해 놓았고, 인터넷에 검색하면 자세하게 나와 있기 때문에 따로 설명하지 않으려고 한다. 역사는 안나를 도스토옙스키의 뮤즈이자 내조의 여왕이라고 표현한다. 그러나 사실은 내 영혼이 무의식을 정화하기 위해 스스로 그런 환경에 던져 넣은 것이다. 안나는 20살에 45살 남편인 간질병 환자이자 도박증에 빚더미까지 있는 늙은 남자에게 시집가서 14년 간 결혼생활을 하고 37년을 혼자 살았다.

남편 없이 살았던 37년을 모두 다 기억하지는 못하지만 얼마나 죽고 싶었을지 충분히 상상이 간다. 남편이 그리워서, 고독을 느끼고 싶지 않아서, 혼자 세 아이를 키우기 버거워서 아마 하루에도 수천 번씩 죽고 싶다는 생각의 염체가 무의식에서 의식으로 치솟았을 것이다. 인도령이 알게 해준 기억은 남편이 죽은 이후 내가 남편의 책상에 앉아 외로움을 느끼고 있던 때이다. 내가 남편을 사랑했다는 감정은 기억나지도 않고 느껴지지도 않는다. 그러나 살기 위해 무엇인가를 시작하지 않는다면 고독과 외로움의 감정이 나를 미치게 만들지도 모른다는 두려움, 남편의 명예를 위해 좋은 일을 해야 한다는 의무감, 그리고 아이들에 대한 책임감의 감정이 나를 둘러싸고 있었다. '살아야 한다. 강해져야 한다.' 나는 남편의 책상에 앉아 그 말을 되뇌고 있었다. 그것은 남편의 명예에 대한, 내가 낳은 자식들에 대한 아주 강력한 책임감이었다. 그 책임감은 살아야 한다는 생각을 수천 번을 넘어 수만 번은 하게 했을 것이고, 그런 반복적인 결심은 결국 내 무의식 안에 있던 자기 파괴적 염체를 정화하게 했다.

윤회와 관련된 책을 읽어보면 영혼은 전생의 습을 정화했는지, 즉 자신이 만든 부정적인 염체를 정화했는지 스스로를 시험대 위에 올려놓는 삶을 선택한다고 한다. 예를 들면 전생에서 을의 위치에서 어쩔 수 없이 폭력성을 자제할 수밖에 없었던 영혼은 현생에서 자신을 갑의 위치에 두고 폭력성을 절제하는지 시험한다. 전생에서 가난 때문에 어쩔 수 없이 도박을 그만두었다면 현생에서 자신을 부유한 상황에 두고 도박을 극복했는지 시험한다. 전생에서 자식에 대한 책임감 때문에 자살을 선택할 수 없었던 나는 현생에서 책임질 상황이 없는 삶의 초반부터 시궁창으로 던져 넣고, 철수의 죽음까지 설정한다. 시험대 위에서도 자신이 전생에 만들었던 부정적인 염체에 영향받지 않는다면 그것을 우리는 '카르마가 끝났다'고 말한다.

카르마는 보복성이 아니다. 카르마는 의식의 진화를 위해 영혼 스스로 선택한 배움의 과정이고, 자신의 무의식에 남아 있는 염체들을 정화하여 영혼의 본질을 밝게 빛나도록 하기 위한 우주의 질서다.

> 삶을 사는 우리가 할 일은 어떤 꾀를 써서 물질의 존재를 부정하는 것이 아니라, 그것을 지배하고 질서를 세우고, 나아가서는 보다 높은 영적 수준에서 그것을 창조하는 것이다.
>
> – 지나 서미나라, 《윤회》(2020)[31] –

2022년 12월 22일. 몸살감기에 걸렸다. 나는 웬만해서는 감기도 잘 걸리지 않는 건강 체질인데 한 번 아프면 며칠을 앓아눕는다. 알바를 하러 갔지만 도저히 일을 할 수 없었다. 저녁에 냉동 창고 일을 도와주러 간다고 약속했는데 갈 수 있을지 알 수 없었다. 4시간 일하는 것도 나는 이렇게 비실거리는데 8시간 일하는 다른 정직원들은 어떻게 저렇게 매일 일할 수 있는지 마음 깊은 곳에서 진심 어린 존경심이 올라왔다. 조퇴를 하고 집에 와서

패딩을 입은 채로 침대에 누워 눈을 감았다. 머리가 어질어질하고 '우루사' 광고에 나왔던 곰 몇 마리가 내 몸을 짓누르고 있는 듯이 몸이 무거웠다. 배 속의 장기와 피부 안 근육과 골반에서까지 통증이 느껴졌다. 몸이 아프니 책을 쓰는 일이든, 그림을 그리는 일이든 다 하고 싶지 않아졌고, 사랑한다는 말을 입 밖으로 꺼내기 싫었다.

인도령을 따라다닐 때 육체를 벗고 나갔던 느낌이 기억난다. 유체 이탈. 영혼이 육체를 나갈 때 나의 에너지장이 몸을 벗어나는 느낌. 에너지장이 벽의 에너지장을 통과할 때 느껴지는 느낌. 이 느낌은 마치 손을 물속에 넣을 때 물의 표면장력이 나의 피부를 밀어내는 느낌과 아주 흡사하게 느껴졌다. 갑자기 육체를 떠나고 싶다는 생각이 들었다. 죽고 싶다는 생각이 아니라, 죽으면 그렇게 자유로울 수 있을 것 같아서였다. 한번 육체를 떠난 자유로움을 느껴보니 이렇게 몸이 아플 땐 육체가 짐짝같이 느껴진다. 그러다가 피식 웃었다. "안나야, 이번 생에도 자살하면 그다음 생엔 분노조절장애 아빠에 자기애성 인격장애 어머니가 아니라, 소아성애자 아빠에 마약중독자 어머니를 만날지도 몰라. 그런데도 아직 육체를 버릴 생각을 하는 거야?" 맞다. 나는 자살했던 영혼이었다. 자살의 습을 정화하려면 죽고 싶어도 죽을 수 없는 상황으로 자신을 밀어 넣는다. 그래야 살아야겠다는 결심을 수만 번 해서 자신의 무의식에 남아 있는 염체를 정화할 수 있다. 이번 생은 끝까지 살아야 한다. 망할 자살은 왜 해서 대체 몇 생을 날려 먹었는지 나의 선택을 가슴 깊이 후회하며, 편의점에 가서 몸살감기 약을 사서 먹고는 저녁에 다시 냉동 창고 일을 도와주러 나갔다. 영혼의 본질을 깨달아도, 전생이 기억나 인과관계를 알아도 육신이 아픈 데는 장사가 없는 법이다.

부처가 되면 더 이상 수련을 하지 않아도 된다고 생각할 수 있습니다. 하지만 연꽃이 계속 꽃을 피우기 위해서는 지양분을 공급해줄 진흙 속에 있어야 하죠. 우리 내면의 고통을 감지하고 이를 껴안아 변화시키려 노력할 때 우린 진정한 깨달음과 통찰, 연민의 감정을 가질 수 있습니다.

– 탁닛한, 《지구별 모든 생명에게》(2022)[32] –

6.

분노의 염체와
마주하다

　　현생을 창조한 원인이 되었던 전생을 알게 되면서 나는 부모님의 삶을 이
해했다. 아빠의 분노조절장애 성향의 시작은 어디인지 모르겠으나, 그는 분
노를 억제해야 하는 상황으로 자신을 던져 넣었을 것이다. 분노를 느끼는 상
황에서도 분노를 억제해야 하는 상황은 생각보다 좋지 않은 상황이었다. 셋
방살이하던 시절 우리 가족은 이사를 정말 많이 다녔다. 주인집이 공공요금
을 과하게 요구하거나, 보증금이나 월세를 터무니없이 올리거나, 가난을 무
시하는 발언을 하는 상황에 직면할 때마다 아빠는 분노를 드러내며 주인집과
싸웠고, 오빠와 나는 초등학교 때 학교를 3번이나 옮겨가며 이사를 했다.

　　초등학교 1학년 때 아빠 회사의 동료들이 술을 마시고 우리 가족이 살고
있는 셋방에 찾아와 야구방망이로 창문을 깨며 소리를 질렀다. 아빠는 밖에
서 동료들을 저지하다가 구타당했다. 엄마 말로는 아빠가 억울하게 누명을
썼다고 했는데 그 사건이 어떤 사건인지 자세하게 말해주지는 않았다.

　　큰엄마의 이간질 때문에 아빠와 형제들 사이에서도 큰 싸움이 잦았다.

대화로 해결할 수 있는 일임에도 아빠는 극단적으로 감정을 표현했고 그 결과 싸움은 더 커졌다. 형제들은 할머니를 설득하여 아빠를 제외한 형제자매에게 유산을 상속하게 했고, 상처받은 아빠는 10년 동안 형제들과 할머니와 연을 끊고 살았다.

억울한 일을 당해도 분노를 억제해야 하고, 자존심이 상해도 분노를 억제해야 하고, 형제들에게 따돌림을 당해도 분노하지 말아야 하는 상황으로 던져 넣어서 참아야 한다는 생각을 수만 번도 더 되뇌게 해야 했을 것이다. 가난했고, 세상에서 갑이 아니었고, 형제들에게 아무리 잘해도 무시당했고, 자신의 억울함을 이해해주는 친구는 없었다. 아빠의 인생은 분노의 염체를 자제하고 참아내는 상황으로 스스로를 던진 것이다. 그리고 그는 삶의 초반보다 지금 분노에 대한 자제력을 많이 배웠다.

엄마는 강한 세속적 욕망으로 자신의 열등감을 해결하려는 사람이다. 나와 함께했던 전생에서도 변함없이 그랬다. 엄마가 자신의 열등감을 해결하려는 방식은 자신의 노력으로 정당하게 부와 명예를 얻으려는 방식이 아니었다. 자신보다 힘이 약하고 을의 위치에 있는 사람들을 이용하거나, 권력자의 옆에서 그의 특권을 같이 누리는 방식이었다. 그런 전생에서 그녀는 자신의 무의식에 많은 부정적인 염체를 만들었을 것이고, 그것을 정화하기 위해서는 이번 생은 다른 삶을 계획했어야 했다.

그 과정에서 자신의 수단과 방식에 대해 다시 생각할 기회를 얻고, 교회를 다니면서 그녀가 배워야 할 기독교의 미덕에 대해 필요한 바를 배우고 있다. 감정 쓰레기통 역할을 해주던 내가 더 이상 그 역할을 해주지 않으면서 그녀는 다른 대리인을 찾아야 했고, 그 대리인들은 내가 30년을 참아왔던 그 과정을 1년도 안 되어 포기하는 상황이 벌어지면서 그녀 스스로 자신이 과거에 했던 행동이나 말에 대해 많은 것을 생각해야 했다.

그녀의 삶 말년에 자신의 무의식에 남아 있는 많은 부정적인 염체를 정화할 수 있을지 없을지 나는 장담할 수 없다. 그러나 부디 남을 위해서가 아니라 그녀 스스로를 구원하기 위해 그렇게 되기를 진심으로 기도하고 있다.

> 인간이 어떻게 전생과 관련된 특정 속성들을 가지고 지구에 다시 태어나는지 설명했다. 전생은 인간의 삶을 이루는 주된 요소라고 오렌지(천사)가 말했다. 전생에서 배운 것을 다시 한번 경험함으로써 그것을 완전히 이해할 수 있도록 전생의 교훈이 현생으로 이어진다고 했다. 이러한 교훈을 카르마, 기억 혹은 경험이라고 불렀다. 카르마를 통해 인간이 성장할 수 있고, 행성에도 얼마간 도움이 된다고 했다. 이것이 생과 생에서 인간이 작용하는 방식이었다. 오렌지가 말하길 진동주파수를 끌어 올리려면 일부 오래된 속성들 즉 마이크가 가지고 태어난 속성들을 소멸시켜야 한다고 했다. 오는 길에 빵이 썩었던 것처럼 오래된 속성을 그대로 끌어안고 집으로 갈 수는 없었다.
>
> – 리 캐롤,《집으로 가는 길》(2014)[33] –

전생을 알고 부모님의 삶과 나의 삶을 이해하면서 나는 빛 명상을 더 자주 했다. 빛으로 내 영혼의 깊은 무의식까지 전부 뒤집어엎어 청소하는 것처럼, 바닥 구석구석에 빛을 비추듯 매일 아침 빛 명상을 했다. 간혹 꿈에서 전생의 장면이 나오거나 명상 중에 장면이 떠오르면 나 스스로를 이해하고 용서하고 작별하는 과정을 반복했다. 이런 과정을 거치면서 나는 부모님을 그저 한 영혼으로 바라보게 되었다. 내가 나의 길을 가듯이 그저 부모님도 그들의 영혼을 위해 그들이 선택한 길을 가는 수많은 영혼 중 하나로 자연스럽게 받아들이게 되었다. 부모라는 명칭이 주는 에너지의 연결이 더 이상 없었다. 그저 자신의 길을 가는 영혼들이었다. 그리고 이런 생각의 변화는 내 무의식의 가장 바닥에 있는 분노의 염체를 실제로 마주하게 해주었다.

2022년 5월. 내가 그때를 기억하는 이유는 유튜브에서 여자 아이돌이 유명한 가수와 교제를 하다가 남자 아이돌로 환승연애를 했다는 소식을 보았기 때문이다. 내가 보수적인 사고방식을 가지고 있기 때문인지, 전생에 환승연애를 당해서 그랬던 것인지, 아니면 민수가 바람피운 일과 환승연애가 비슷하다고 느껴져서인지는 모르겠지만 나는 그 유튜브를 보면서 분노를 느꼈다. 사실 나는 환승연애라는 말이 좀 이상하게 들린다. 환승은 한 버스를 타고 있으면서 이미 다른 버스를 타려고 계획하고 있었다는 것이고, 그것은 계획적으로 바람피운 것 아닌가?

민수와 연애를 하고 있는 당시 민수의 회사 사람들은 나의 존재를 알았고, 남자친구가 여직원과 바람피운다는 사실도 알고 있었다. 그들은 어찌나 의리가 좋았던지 내가 멍청하게 당하고 있어도 내 앞에서는 입을 다물고 있었고 그 여직원도 나에게 친절하게 잘해주었다. 드라마 〈부부의 세계〉는 현실에서도 벌어지는 일이다. 민수가 나에게 했던 모든 행동 중 가장 치욕스러웠던 것은 다른 사람들은 다 알면서 나만 모르고 있던 그 상황이었다. 작은 회사 안에서 몇 안 되는 사람들이 나의 일에 대해 알고 있어도 이렇게 치욕스러운데, 대한민국 사람들이 모두 알 정도로 환승연애를 당하면 당사자 기분이 어떨까? 내 상황과 비슷하다는 생각이 들어서 감정이입을 했던 건지, 나는 화난^{angry} 것이 아니라 분노^{resent}했다. 그러나 사실 내가 해야 할 일은 내 안의 분노에 대해서 들여다보는 것이었는데 그때는 그 사실을 몰랐다.

그리고 바로 다음 날 알바를 하다가 사무실 직원이 현장 직원에게 하대하는 장면을 보면서 또 분노가 올라왔다. 가끔 계급의식이 강한 사무직 직원들이 현장에 와서 갑질할 때가 있는데, 몇 명만 그렇게 행동하기 때문에 보통은 현장 팀장님이 해결을 해주셨다. 그런데 그날은 마침 팀장님이 쉬는 날이었다. 현장 직원이 사무실 직원에게 부당한 대우를 받고 있는데도 아무도 나서지 않았고, 당하고 있는 사람도 멀뚱거리고 있었다. 나는 정의감과 분노를 착각한 것 같다. 그저 굽히기 싫고 지기 싫었던 것인지, 정의롭지 않다고 생각해서 화난 것인지 잘 구분하지 못했다.

나는 집에 와서 깊은 생각에 빠졌다. 분노. 왜 나는 환승연애에 분노를 느끼고, 그 사무실 직원의 갑질을 보면서 분노가 올라왔을까? 단지 내가 비슷한 상황을 경험해서? 정의감에 불타서? 엄마의 자기애성 인격장애 때문에 생겼던 분노가 내 안에 아직도 있나? 아빠의 분노조절장애 성향이 나에게도 있나? 나는 나를 깊이 들여다봐야 할 의무감을 느꼈다. 그날 깊은 명상을 하면서 분노에 대한 원인을 찾아 나갔다.

정의감을 분노로 푸는 것은 옳지 않다. 그것은 이해심을 결여시키고, 비판과 비난의 근거를 제공하고, 나는 옳고 상대방이 잘못했다는 이분법적 사고방식으로 편을 가른다. 나는 나를 정화하고 싶었고, 원인을 찾고 싶었다. 2시간 넘게 빛 명상을 했고, 내 안에서 일어난 분노를 뒤집어서 원인을 찾아내려고 노력했다. 그러다가 늦게 잠이 들었는데 새벽 3시경부터 심장이 조여 오기 시작했다. 공황장애 같은 증상이 아니라 외부에서 누군가가 나를 짓누르는 느낌이었다. 그때 일어나서 명상을 더 했어야 했는데, 나는 졸리기도 하고 짜증도 나서 누가 이기나 해보자고 계속 잠을 자려고 안간힘을 썼다. 자다 깨기를 반복하다가 갑자기 검은색 형체를 보았다. 얼굴도, 피부색도, 옷도, 아무것도 보이지 않고, 머리가 짧은 남자의 검은색 형체가 눈을 감아도 보이고 떠도 보였다. 나는 그것을 보자마자 내 분노의 염체라는 것을 알았다. 새벽 5시부터 앉아서 빛 명상을 하기 시작했다. 생각보다 그 형체는 빠르게 사라졌고 그 이후로 두 번 다시 보이지 않았다. 나도 내 안에 이런 분노의 구체적인 염체가 존재하는지 전혀 알지 못했다.

몇 달 후 사무실 직원이 갑질을 하는 비슷한 상황과 직면했을 때 내 안에서 분노의 씨앗이 발화하려고 하는 그 순간 나는 웃음이 났다. 그 발화를 알아차리는 내 모습을 보면서 뿌듯했던 것이다. 그리고 그것을 알아차리고 웃자마자 발화는커녕 그대로 사라졌다. 한 번 알아차린 적대감과 분노의 발화는 두 번 세 번 반복해서 알아차리게 되었고, 나는 그것을 알아차리면 염체를 바꾸는 과정을 의식적으로 선택했다. 적대감과 분노가 올라온다고 느껴지는 순간, 그 감정을 잡아채서 바로 던져버리고 생각을 바꾸었다. "안나야, 이건 적대감이야. 맘을 돌려." 그리고 '감사합니다. 사랑합니다.'라는 말이나 '사랑해'라는 말을 반복했다. 처음엔 30초, 그 이후엔 10초, 5초, 부정적인 감정을 알아채는 순간부터 의식을 바꾸는 시간은 연습할수록 짧아졌고, 이후엔 발화 자체가 쉽게 되지 않았다.

밖을 보는 자, 꿈을 꾼다. 안을 보는 자, 깨닫는다.

– 칼 융 –

무의식의 정화, 카르마의 소멸, 전생의 습 정화, 운명의 변화, 의식 수준의 성장, 진동수의 상승, 알아차림, 깨달음, 전부 같은 말이다. 인간의 무의식에는 전생에서, 현생에서 자신이 만들어낸 염체가 전부 들어 있다. 삶을 살면서 우리는 자신의 무의식에서 의식으로 튀어 오르는 수많은 염체와 마주하게 된다. 전생을 몰라도, 상위자아를 몰라도, 인간은 자신이 알고자 하면 자신의 행동 패턴을, 생각하는 패턴을 알 수 있다. 우리는 그것을 자신의 본모습이라고 생각한다. 난 원래 그래. 난 원래 이렇게 행동해. 그래. 맞다. 그 행동이 자신의 삶에 크게 영향을 미치지 않는다면, 예를 들어 연어회덮밥을 좋아하는 음식 취향이거나, 속옷은 무조건 검은색을 입어야 하는 의류 취향이라면 그게 문제가 될 일은 없다. 그러나 그것이 자신의 부정적인 염체라면, 자신의 영혼을 지속적으로 시궁창에 빠뜨리게 하는 염체라면, 그것을 찾아내 정화하지 않으면 계속 같은 시궁창에 빠질 것이다.

인도령이 나를 데리고 다니던 4개월 동안 인간의 무의식에 쓰레기가 얼마나 많은지 보여준 적이 있었다. 큰 강당 옆쪽에 사물함이 빼곡히 놓여 있었고, 인도령은 나에게 사물함을 찾으라고 했다. 나의 사물함은 다섯 번째 줄에 있었고, 내 이름이 적혀 있었다. 사물함을 열고 나는 절망했다. 나 혼자 먹으려고 저장해놓은 먹다 남은 라면, 옥수수, 만두 같은 것들이 사물함 안에서 곰팡이가 핀 채 썩어가고 있었고, 그 작은 공간에서 썩은 음식들이 수도 없이 나왔다. 창피한 마음에 쓰레기를 치우기 시작하는데 옆을 보니 다른 사람 사물함도 보였다. 사물함에 뭐가 들었는지 궁금해서 그쪽을 바라보니, 나는 양반이었다. 탄광같이 시커먼 사물함에서 온갖 흉측하게 생긴 동물과 벌레 모양의 형체들을 꺼내고 있었다. 그 안에서 구정물이 흘러 나왔는데 작은 사물함에서 그런 더러운 것들이 얼마나 많이 나오는지 구역질이 날 것 같았다. 인도령이 나에게 뒤를 보라고 했다. 그 큰 강당 중앙에 사람들의 사물함에서 나온 온갖 쓰레기들이 산을 이루고 있었다. 인도령이 말하길 지금 지구는 이런 쓰레기 같은 염체들이 어마어마하게 쌓여 있다고 했다. 사물함이 우리의 무의식이고, 그 안에 있는 쓰레기들이 부정적인 염체들이다. 인간의 무의식 안에 남아 있는 염체, 전생에서 가지고 왔든 현생에서 만들어졌든, 그 염체들이 인간의 행동 패턴이고, 인간의 운명을 결정하고, 인류의 운명을 결정하는 것이다.

인도령에게 무의식을 정화하는 데 가장 중요한 것이 무엇이냐고 물었다.

"빛이며 사랑이다. 영혼의 본질은 빛이고, 빛은 사랑이며, 사랑은 신이다. 영혼이 스스로 빛이 되는 것은 사랑이 되는 것이고, 무의식을 정화하는 것이며, 카르마를 소멸하는 것이고, 운명을 바꾸는 것이다. 의식 수준이 향상한다는 것은, 영혼의 진화를 이룬다는 것은, 결국 영혼 스스로 사랑이 되는 것이다. 진정으로 강한 자, 진정으로 깨달은 자는 어떠한 상황에서도 사랑을 선택한다. 많은 선지자가 지구에 와서 그런 선택을 했다. 그것이 자신을 위한 일이고, 인류를 위한 일이고, 신을 위한 일이다. 결국 예수가 이 땅에 와서 강조했던 것은 영혼의 본질이 사랑이니 스스로 사랑이 되라는 것이다. 그것이 바로 운명을 벗어나 자신을 구원하는 것이고, 인류를 구원하는 것이다. 안나야, 이제 너는 어떤 상황에서 어떤 사랑을 선택해야 하는지 많은 것을 배워야 한다. 그리고 그것들을 깨달으려면 가장 명심해야 할 사실은 이것이다."

어떤 종교도 갖지 않되 모든 종교를 인정하고,

어떤 신도 숭배하지 않되 모든 신을 존중하고,

누구도 스승 삼지 않되 모든 이를 통해 배우라.

이분법적 세계관을 초월하고 의식의 진화를 이루라.

멀리 보고 행동하라.

빛의 일꾼은, 사도는, 군자는, 보살은,

나무가 아닌 숲을 보고,

숲이 아닌 산맥을 보고,

산맥이 아닌 지구를 보고,

지구가 아닌 우주 전체를 보고 나아가야 한다.

- 2021년 12월. 인도령의 메시지 중 -

Part 3

지금 나는

1.

전생의 트라우마를
치유하다

어느 겨울날 지인이 돈가스집을 개업해 축하하러 가는 길이었다. 톨게이트를 통과하고 나오는 곡선길에서 빙판에 차가 미끄러져 그대로 가드레일을 들이받았다. 자동차 바퀴의 스피어링 기어가 휘어서 운전대의 중심축이 틀어졌다. 공업사에 가서 수리를 하느라고 결국 개업식엔 가지도 못했다. 집으로 돌아오는 길에는 시속 50㎞를 넘지 못했고, 지금도 빙판길을 운전할 땐 천천히 움직인다. 삶에서 겪는 이런 사소한 일도 인간에게 트라우마를 남기는데 전생에서 공포의 경험은 무의식에 더 강한 트라우마를 남기게 된다.

나는 낙인 효과가 생길까 봐 지금까지 아무에게도 말하지 않은 정신적 질병이 있다. 광장공포증. 이 증상은 대학교 1학년 때 처음으로 나타났다. 대학교 축제에 '크라잉넛'이라는 밴드가 공연을 왔는데 친구와 나는 공연을 보다가 군중에 떠밀려 커다란 앰프 앞까지 갔다. 그리고 그 순간 심장이 옥죄고 숨이 쉬어지지 않았다. 고3 때 경험했던 공황장애 증상과 비슷했다. 내가 허리를 숙이고 심장을 부여잡자 같이 있던 친구가 나를 공연장 밖으로 데리고 나왔다. 그때는 별일 아니라고 생각했다. 그 저 큰 소리 때문에 놀랐던 것뿐이라고 생각하고 넘겼다.

30대 초반에 남자친구와 서울 소극장으로 연극을 보러 갔다. 극장 안은 비좁았고, 사람들도 많았으며, 어두웠다. 연극 중간에 사물놀이가 시작되더니 관객을 앞으로 유도하기 시작했는데 내 뒤에 앉아 있던 사 람들이 우르르 몰려 나가면서 대학생 때 경험했던 것과 똑같은 증상을 경험했다. 심장이 옥죄고 숨이 쉬어지지 않았다. 허리가 저절로 숙여졌 고, 심장을 부여잡았다. 남자친구는 나를 데리고 극장 밖으로 나왔다. 나 는 뭔가 이상하다고 생각했다. 교회에서 가정의학과 전문의로 일하는 집사님을 찾아가 상담을 받았는데 그때 광장공포증 같다는 말을 들었 다. 심한 경우 약을 처방하지만 나는 세 가지가 겹치는 상황을 피하기만 하면 될 것 같다고 했다. 어둡고, 사람이 많고, 소리가 크게 나는 곳.

광장공포증을 인터넷에 검색해 보니 대중교통, 터널, 밀폐된 공간에 서 증상이 나타난다고 나와 있었다. 그러나 나는 그런 장소보다는 장마 철 여름밤에 증상이 가장 심해졌다. 특히 천둥 번개가 치는 여름밤에 혼 자 있으면 이 증상은 급격하게 심해졌다. 셋방살이를 하던 어린 시절에 는 천둥 번개가 치면 엄마 품을 파고들어 잘 수 있었기 때문에 나에게 심 한 공포감이 있다는 것을 몰랐다. 초등학교 5학년 때 아파트로 이사를 가면서 내 방이 생겼고, 그때 내가 천둥 번개에 공포감을 갖고 있다는 것 을 깨달았다. 비가 오고 천둥 번개가 치는 여름밤마다 나는 엄마에게 같 이 자자고 애원했지만 엄마는 정말 매정했다. 단 한 번도 나와 같이 잠을 자거나, 안아준 적이 없었다. 나는 방에 불을 환하게 켜놓고 천둥소리가 사라지길 기다렸다가 소리가 사라지고 나면 그제야 잠을 잘 수 있었다. 혼자 살기 시작하면서 나의 공포감은 더 심해졌다. 약을 먹을까 고민하기도 했고, 동료 강사에게 부탁해서 같이 잠을 잔 적도 있었다. 누군가 옆에 있으면 심리적으로 안정되었고, 부드러운 담요를 안고 있으면 증상이 조금 완화되기도 했지만, 혼자 있을 때 천둥 번개가 치면 어김없이 교감신경에서 아드레날린을 분비해서 심장박동수가 빨라지고 불안을 느꼈다.

3살 때부터 중학교 2학년 때까지 나는 여름 장마철마다 똑같은 꿈을 반복해서 꾸었다. 비가 오고 천둥 번개가 치는 밤에 돌바닥에서 공포를 느끼는 꿈이다. 어떻게 그렇게 정확하게 여름밤마다 그 꿈을 꾸었는지 신기할 정도였다. 모든 꿈의 장면은 똑같았고, 모든 꿈의 공포감도 똑같았다. 그 당시엔 내가 어린 시절 이런 비슷한 종류의 공포영화를 본 적이 있었나보다고 생각하고 말았다.

인도령이 전생을 알려주고 나서야 나는 이 증상이 왜 생겼는지 이해할 수 있었다. 현생의 바로 직전의 전생에서 나는 아기였을 때 머리가 터져 죽었다. 내가 기억하는 전생 중 어제의 일처럼 가장 또렷하게 기억나는 전생이다. 기억이 너무 선명해서 그 당시의 공포감까지 그대로 느껴진다. 그 생에서 엄마의 내연남은 사기로 크게 한탕을 성공한 후 엄마와 도망을 가려고 했다. 도망을 가는 날 엄마의 내연남이 나를 데리고 오지 말라고 했는데 엄마는 나를 버리지 못하고 담요로 싸서 안고 내연남에게 갔다. 그날 밤에는 비가 오고 천둥 번개가 쳤다. 나는 천둥소리에 놀라서 울기 시작했고, 내연남은 내가 우는 소리를 듣고 화를 내면서 왜 데려왔냐고 소리를 질렀다. 나는 극한의 두려움을 느꼈다. 엄마가 나를 버릴 것 같았고, 내연남이 무서웠다. 그 공포가 아직도 기억이 난다. 나의 울음소리가 커지자 내연남은 나를 돌바닥에 집어 던졌다. 그리고 나는 그 자리에서 머리가 터져 죽었다. 엄마와 내연남은 나를 버리고 가버렸고, 나는 그 돌바닥 위에서 공포에 떨고 있었다. 진짜로 죽었으나 의식만 살아 있었던 것인지, 아니면 죽지 않았던 것인지는 모르겠으나 나는 살아 있다고 느꼈다.

광장공포증은 정신분석학에서 아동기에 부모를 상실한 경험이 있거나 공공장소에 버려진다는 불안을 상기할 만한 사건이 있어야 한다. 나의 광장공포증은 비가 오고 천둥 번개가 치는 밤, 부모에게 버려지고 돌바닥에서 공포를 느끼며 죽어가던 전생이 원인이었다. 그래서 비슷한 조건에 놓이면 분리불안장애 증상이 느껴지거나, 심장이 빨리 뛰기 시작하거나, 공포감이 심해지면 숨이 막히는 것이었다. 내가 전생을 기억하지 못했다면 아마 원인을 절대 알 수 없었을 것이다.

> 윤회설을 인정함으로써 마치 10분의 9가 수면 아래 숨어 있는 빙산의 전모가 드러나는 것과 같다.
>
> – 지나 서미나라, 《윤회》(2020)[31] –

무의식이 정화되고 전생을 기억하고 나서는 신기하게도 공포증이 많이 완화되었다. 물론 아직 심장박동이 빨라지긴 하지만 귀마개를 하고 미등을 켜놓고 부드러운 극세사 담요를 만지면 이젠 잠을 잘 수 있다. 특정 상황에 대한 공포증, 특정 물건에 대한 공포증의 원인을 현생에서 알 수 없다면 전생에서 원인을 찾을 수 있는 예는 많다. 윤회에 관련된 많은 책에서 물을 무서워하는 사람이 사실은 전생에 물에 빠져 죽은 적이 있었다는 이야기. 선단 공포증이 있는 사람이 전생에 화살을 맞아 죽었다는 이야기. 그리고 나의 지인 중에서도 특정 사물에 대한 공포증의 원인을 전생에서 찾은 사람이 있다.

그 언니는 칼에 대한 공포증이 있었다. 식칼이나 과일칼에서도 언니는 공포를 느꼈다. 언니는 10년 넘게 교회를 다니면서 이 증상이 사라지게 해달라고 기도했지만 전혀 사라지지 않았다. 결혼 후 주방에서 요리를 할 때마다 언니는 공포를 느꼈고 나는 언니에게 최면 치료를 권유했다. 언니는 최면 치료를 통해 칼에 대한 공포증은 전생의 트라우마 때문이라는 것을 알게 되었다. 전생의 장면을 중간 부분부터 묘사하자면 언니는 친구의 집에 괴한이 쳐들어왔다는 소식을 듣고 밤에 부리나케 친구 집으로 뛰어갔다. 그리고 그 집 앞에서 괴한의 칼에 찔려 피를 심하게 흘리며 죽어가는 친구의 모습을 보고 충격을 받았다. 그 충격은 언니의 무의식에 트라우마를 남겼고 현생에서 칼에 대한 공포감을 갖게 한 것이다. 최면 치료를 한 이후 언니는 칼에 대한 공포증이 사라졌다. 언니는 이제 주방에서 칼을 잡고 요리를 해도 공포감이 느껴지지 않는다며 신기하다고 했다. 전생이든 현생이든 인간의 무의식에 한 번 각인된 트라우마는 쉽게 사라지지 않는다.

물만 보면 겁을 내는 사람이 있었습니다. 그는 바다를 구경한 적도 없고 큰 강 옆에 살지도 않습니다. 그런데도 물만 보면 겁을 내는데 아무리 치료해도 소용이 없었습니다. 그래서 그의 전생을 살펴보니 그는 전생에 지중해를 내왕하는 큰 상선의 노예였습니다. 그런데 그만 상선의 상인들에게 큰 죄를 짓는 바람에 쇠사슬에 묶여 바닷물 속으로 던져졌습니다. 그렇게 고통스럽게 바닷물 속에서 눈을 감은 것입니다. 그래서 현생에서 물만 보면 기겁을 한 것입니다.

– 박진여, 《당신의 질문에 전생은 이렇게 대답합니다》(2020)[34] –

2.

사랑의 지혜를
이해하다

2021년 10월, 공원에서 걷기 명상을 하고 있었다. 내가 하는 걷기 명상은 그저 멍때리면서 생각 없이 걷기만 하는 것이다. 나는 앉아서 생각을 비우는 것보다 걸으면서 생각을 비우기가 훨씬 쉬웠다. 그렇게 생각을 비우면서 걷다 보면 이해되지 않았던 책의 한 글귀가 어느 순간 이해가 될 때도 있었고, 번뜩이는 단어나 말이 생각날 때도 있었다. 그래서 나는 걷기 명상이 좋았다.

인도령은 나에게 특별히 어떤 말을 많이 하지는 않는데 그날은 걷는데 "새 포도주는 새 부대에 담아라"라는 성경 구절을 말했다. 인도령은 특정 종교가 없지만 내가 교회를 다니면서 오랜 시간 성경을 읽은 탓에 성경 구절을 이용해 메시지를 전할 때가 있다. 사실 그때는 그 말이 무슨 뜻인지 몰라서 실행하기까지 많은 시간이 걸렸다.

물질계의 육신을 입고 윤회의 굴레에 있는 인간들의 가장 큰 약점은 두려움이다. 이 두려움이 인간의 내면에 시기, 질투, 분냄, 비난과 판단, 관종적 성향, 열등감을 만들어 내기 시작하면 그 어두운 기운이 영혼의 가장 근원적인 빛을 빈틈없이 감아버린다. 두려움을 극복하는 과정은 사람마다 의식 수준의 정도에 따라 다르지만 소시오패스적 성향이 강한 사람들이 두려움을 극복하는 방법과 의식 수준이 높은 사람들이 두려움을 극복하는 방법에는 많은 차이가 있다. 영성책에서는 소시오패스적 성향을 3단계의 영혼으로 분리하고 의식 수준이 높은 빛의 일꾼을 4단계나 5단계로 구분한다. 두 영혼의 유형은 두려움을 극복하는 과정이 상반되게 나타난다.

빛의 일꾼 – 약자를 돕고, 사랑하는 사람을 지키기 위해 권력을 원한다. 이들은 이분법적 세계관을 어느 정도 초월해 있다.

소시오패스 – 갑질이 주는 우월성의 기쁨을 위해 권력을 원한다. 계급의식이 강하고 그 계급의 상층부 특권을 원한다.

빛의 일꾼 – 외롭다는 이유로 타인이 자신을 좋아하는 마음을 이용하지 않는다. 사랑이 없는 연애는 하지 않는다.

소시오패스 – 자신들의 관종적 성향을 채울 수 있는 연애도 사랑 없이 가능하다. 환승연애도 쉽고, 정조 관념도 없다.

빛의 일꾼 – 진실함과 도덕성을 기반으로 한 관계를 중요하게 생각한다.

소시오패스 – 인맥이 중요하다. 인맥을 어장 관리하듯 한다.

빛의 일꾼 – 자신에게 엄격하고 남에게 관대하다. 자신에게 너무 엄격해서 자책을 많이 한다.

소시오패스 - 남에게 엄격하고 자신에게 관대하다. 자기 행동에 대해 합리화를 잘한다.

빛의 일꾼 - 자신의 존재가 남에게 어떤 도움을 줄 수 있을지에 관심을 둔다. 자신의 도움이 필요한 사람에게 친절하다.

소시오패스 - 남이 나에게 어떤 도움을 줄 수 있을지에 관심을 둔다. 나를 도울 수 있는 셀럽, 고위 공직자, 권력자에게 친절하다.

빛의 일꾼 - 나의 지혜로 남에게 도움을 주기 위해 책을 읽는다.

소시오패스 - 지식을 쌓아 과시해야 하므로 책을 읽는다.

빛의 일꾼 - 사람이 그 자리를 만든다.

소시오패스 - 자리가 그 사람을 만든다.

빛의 일꾼 - 양심과 도덕성에 부합되는 목적을 세운다.

소시오패스 - 대의명분을 만들어 자신의 목적을 정당화한다.

빛의 일꾼 - 약자의 입장에서 세상을 바라본다.

소시오패스 - 강자의 입장에서 세상을 바라본다.

빛의 일꾼 - 고집이 세다. 자신만의 도덕적 신념을 바꾸지 않기 때문에 관료제에서 갈등을 겪는다.

소시오패스 – 자신에게 이득이 된다고 생각하면 도덕적 신념은 필요 없기 때
문에 관료제에 적응을 잘한다.

빛의 일꾼 – 공감 능력이 높다. 이 능력은 소시오패스를 방종하게 만들지만,
사회의 약자를 돌보고, 기부하고, 사랑을 나누는 행동을 할 수 있
게 만든다.

소시오패스 – 공감 능력이 없다. 타인에 대한 비난과 비판 능력이 아주 뛰어나
고, 상황의 긍정적인 면보다 부정적인 면을 지적한다. 소시오패
스는 교묘하게 연민이나 동정으로 포장해서 타인의 비밀도 누
설하고, 본인은 비난한 적 없는 것처럼 잘 빠져나간다.

열등 콤플렉스는 또 다른 심리 상태로 발전하기도 한다네. 아마 들어본 적이 없는 말일 거
야. 우월 콤플렉스라고도 하지. 그 사람은 심한 열등감에 괴로워하면서도 노력이나 성장
같은 건전한 수단을 이용해서 보완할 용기가 없어. 그렇다고 A라서 B를 할 수 없다 라고 하
는 열등 콤플렉스도 더는 견뎌낼 수가 없어. 못난 나를 받아들일 수가 없거든. 그러면 인간
은 더 값싼 수단으로 보상하려고 한다네. 마치 자신이 우월한 것처럼 행동하며 거짓 우월
성에 빠지는 걸세. 가까운 예로 권위 부여를 들 수 있지. 예를 들어서 자신이 권위자와, 예를
들면 학급 반장으로부터, 저명인사까지 광범위하게 이런 사람과 각별한 사이라고 하는 것
을 짐짓 어필하는 걸세. 그를 통해서 자신이 특별한 존재인 것처럼 행세하지. 경력을 속이
거나 옷이나 장신구 등 브랜드 제품을 과시하는 것도 일종의 권위부여이자 일부분 우월 콤
플렉스라고 할 수 있어. 어떤 경우든 나라는 존재가 우월하다거나 특별해서 그런 것이 아
닐세. 나와 권위를 연결시킴으로써 마치 나라는 사람이 우월한 것처럼 꾸미는 거지. 즉, 거

짓 우월성이네. 권위의 힘을 빌려서 자신을 포장하는 사람은 결국 다른 사람의 가치관에 맞춰서 다른 사람의 인생을 살게 되지.

– 기시미 이치로, 고가 후미타케, 《미움받을 용기》(2014)[35] –

　　이런 소시오패스적 성향의 사람은 사회에서 흔하게 나타나는 유형이다. 그리고 내 주변에도 이런 유형은 항상 존재했다. 어느 날 나는 왜 이런 사람들에게 단호하지 못했던 것인지 생각해봤다. 원정미의 책 《가족이지만 타인입니다》에서 착한 아이 증후군은 어린 시절 양육 환경과 매우 밀접하게 관련되어 있다고 한다. 착하지 않으면 사랑받지 못하고 인정받지 못할 것이라는 두려움이 원인이었다. 두려움. 나는 가정에서 받은 상처를 사회에서 또 받게 될까 봐 두려웠던 것이다. 분노조절장애 성향이 강한 아빠의 폭언과 폭력을 피하기 위해, 자기애성 인격장애 성향인 엄마의 냉혹한 눈빛을 피하기 위해, 나는 착한 딸이 되려고 노력했지만, 부모님의 착하다는 기준에 부합하기에 나는 너무 부족했다. 그들은 자신의 기준에 한참 모자란 나를 비난했고, 고립시켰고, 가스라이팅했고, 그 결과 내 안에는 착하지 않으면 사랑받지 못하고 인정받지 못할 것이라는 두려움이 가득 차 있었다. 그 두려움을 무의식에 그대로 담고 직장생활을 시작했으니 당연히 사회에서 만나는 소시오패스적 성향의 유형에게는 먹잇감이 되었을 것이다. 비난받을까 봐, 고립당할까 봐, 가스라이팅 당할까 봐, 그런 성향의 사람들을 단호하게 거절하지 못하고 그들의 감정을 다 받아줬고, 그들의 관종적 성향을 채워줬고, 그들이 나에게 미루는 일을 마무리했다. 그런 행동이 습관이 되어 나도 모르는 사이에 지속적으로 반복하고 있었고, 스트레스를 받았지만 거절해야 한다는 판단도 인도령의 말을 듣기 전까지는 하지 못하고 있었다.

나는 하루 날 잡아서 나를 감정 쓰레기통으로 이용한다는 생각이 드는 모든 사람과의 카톡과 전화번호를 차단했다. 그렇다고 그들이 미웠던 것은 아니다. 나는 그저 나를 보호하고자 했던 행동이었다. 모든 인간은 자신만이 가야 할 길이 있고, 본인이 감당해야 할 카르마를 통해 성장할 것이다. 나의 무의식에 쓰레기를 버리는 사람들을 옆에 두면 자신과 비슷한 에너지의 사람들을 끌어들이지 못한다. 앞에 똥차가 가로막고 있으면 뒤에 람보르기니가 있어도, BMW가 있어도 내 앞으로 올 수 없는 법이다. 이 과정에는 단호함이 필요하다. 손절할 수 없는 상황이라고 해도 구태여 그들의 말을 전부 듣고 있을 필요는 없다. 그들의 말을 들어주지 않는 것이 설령 나를 고립으로 몰고 갈지라도 상관없다.

내가 이렇게 단호하게 선택할 수 있었던 이유는 무의식이 정화되고 영혼의 본질이 드러나면서 엄마로부터 만들어진 두려움이 사라졌기 때문이다. 주변에 사람들이 없으면 외로워질 것 같은 두려움, 그들의 요구를 거절하면 비난받을 것 같은 두려움, 그들의 관종적 성향을 채워주지 않으면 고립될 것 같은 두려움이 내 안에서 사라지니 나에게 부정적인 에너지를 주입하는 사람들을 단호하게 거절할 수 있었다. 누군가는 타인을 사랑하는 행동 중 하나로 그들의 하소연을 들어주고 이해해주는 것을 예로 든다. 틀린 말은 아니다. 문제는 모든 상황에 천편일률적으로 맞는 말이 아니라는 것이다.

세 살 정도 된 아이들은 끊임없이 주변을 헤집고 다니며 짚이는 대로 만지고 입에 넣고 망가뜨립니다. 그때 양육자가 무턱대고 아이를 혼내고 제재하면 아이는 자신감을 잃습니다. 아이는 '나는 뭐든지 망치고 잘못하는 사람인가 봐'라고 느끼면서 양육자의 눈치를 살피기 시작합니다. 그렇게 자기 확신의 길에서 멀어집니다. 무엇을 하든 누군가의 허락이 떨어져야 안심을 합니다. 아이는 뿌리를 단단히 내리지 못한 채 자랍니다. 뿌리가 약하니 기댈 곳이 필요하지요. 무엇을 하고 싶은지 어떻게 살고 싶은지 스스로 답을 못 내리는 아이는 다른 사람들이 좋다는 것을 좋게 느끼고 시키는 것을 잘 하려고 애쓰면서 어른이 됩니다. 그런데 뿌리가 약한 사람들 곁에는 그의 의존을 이용하려는 이들이 존재합니다.

– 라라 E. 필딩 《홀로서기 심리학》 (2020)[36] –

마태복음 5장 38절에서 42절에 이르기를 다음과 같다.

또 눈은 눈으로, 이는 이로 갚으라 했다는 것을 너희가 들었으나, 나는 너희에게 이르노니 악한 자를 대적하지 말라. 누구든지 네 오른편 뺨을 치거든 왼편도 돌려대며, 또 너를 고발하여 속옷을 가지고자 하는 자에게 겉옷까지도 가지게 하며, 또 누구든지 너를 억지로 오 리를 가게 하거든 그 사람과 십 리를 동행하고, 내게 구하는 자에게 주며 네게 꾸고자 하는 자에게 거절하지 말라.

교회의 목사님들은 이 말씀을 본인들만의 방식대로 많이 설교하셨다. 사랑에 대한 지혜가 없는 자가 사랑을 가르치면 스승도 제자도 망한다. 그리고 나 역시 그 설교를 듣고 망한 사람 중 하나였다.

내가 기독교에서 목사님들의 설교를 통해 배웠던 사랑은 내 주변의 소시오패스를 방종하게 만드는 데 아주 큰 도움이 되었다. 태어나 보니 맺어진 부모와 자식과의 관계, 관료제 회사 안에서 강제적으로 맺어진 상사와 부하 직원과의 관계, 종교생활을 하면서 만나야 하는 말만 형제자매인 관계, 각종 동창 모임에서 남은 피상적인 관계, 알바를 하면서 의무적으로 만나야 하는 피할 수 없는 관계. 그들 중 일부는 소시오패스적 성향이 다분한 사람들이었다. 어느 책에서 에너지뱀파이어라고 묘사하는 이들은 오로지 자신의 이야기를 나불거리는 것이 중요하고, 자신의 감정을 표출하는 것이 중요하고, 자신의 출세가 중요하고, 자신이 편한 것이 중요한 사람들이다. 이런 사람들에게 기독교적 사랑은 오히려 그들을 방종하게 하여 더 죄를 짓도록 만든다. 거절하지 못하고 들어주는 사람은 스트레스가 쌓이면서 불만을 품게 되고, 방종하는 사람들은 감사할 줄 모르고 계속 요구하게 되는, 결국 쌍방과실로 만드는 것이다.

사랑을 위한 행동이 옳은 것이라는 것은 누구나 다 알고 있다. 선과 악의 경계는 명확하고 이것을 모르는 사람은 없다. 그러나 선한 행동의 방식을 모든 상황에서 명확하게 아는 사람은 많지 않다. 수많은 종교의 경전들이 진리를 말하고 있지만 모든 상황에 일률적으로 통하는 절대 불변의 법칙은 없다. 사랑이 진리긴 하지만 그것을 표현하는 방법을 우리는 아직 잘 모른다. 우린 심리학 박사도 아니고 프로파일러도 아니기 때문이다. 그래서 우리는 많은 시행착오를 겪는다.

누군가에겐 용서해주는 것이 사랑이라면, 누군가에겐 용서해주는 것이 사랑이 아닐 수도 있다. 누군가에겐 충고해주는 것이 사랑이라면, 누군가에겐 그냥 바닥끝까지 가도록 내버려 둬야 하는 게 사랑일 수 있다. 누군가에겐 돈을 주는 것이 사랑이지만, 누군가에겐 돈을 주지 말아야 하는 것이 사랑일 수 있다. 누군가에겐 옆에 있어 주는 것이 사랑이지만, 누군가에겐 혼자 두어야 하는 것이 사랑일 수 있다. 누군가에겐 다가가서 말을 걸어 주는 것이 사랑이지만, 누군가에겐 말을 하지 않는 것이 사랑일 수 있다. 누군가에게는 위로해주는 것이 사랑이지만, 누군가에게는 위로하지 않는 것이 사랑일 수 있다. 모든 사람과 상황에 따라 사랑을 하는 방법이 다르다. 중요한 것은 모든 행동의 근원은 사랑에서 나와야 한다.

사랑에는 지혜가 필요하다. 그리고 그 지혜는 죽는 순간까지 배우고 터득해야 한다. 무의식이 정화되면 영혼의 본질이 빛나고, 영혼의 본질이 빛나면 자신을 사랑하는 행동이 무엇인지 스스로 깨닫고, 이는 남을 위한 사랑이 무엇인지도 깨닫게 한다. 나를 사랑하는 것은 인류를 사랑하는 것이고, 인류를 사랑하는 것은 신을 사랑하는 것이고, 신을 사랑하는 것은 자기 자신을 사랑하는 것이기 때문이다.

지혜 있는 행동에는 지식 이상이 필요하다.

– 영화 〈안나〉 중[37] –

3.

**직감능력이
상승하다**

　무의식이 정화되기 시작하면 영혼의 본질이 드러나기 시작한다. 영혼의 본질은 빛이자, 사랑이자, 신이다. 이 과정은 내면으로 들어가 자신의 목소리에 귀 기울이는 과정이고, 순수존재감인 자신의 신적 자아의 메시지를 더 잘 들을 수 있는 능력이다. 이것을 명리학에서는 천문성이라고 하고 영성에서는 감응력, 무속인들은 신기, 직감, 촉 등으로 부르는데, 뭐라고 부르든 사실 다 같은 말이다. 즉 무의식이 정화되기 시작하면 직감 능력도 상승하기 시작한다.

　처음에 이 능력이 나타나기 시작할 때는 그저 '어느 순간 아는 것'이었다. 일요일에 집에서 책을 읽고 있었다. 창고 이동이 있을 것이라고 팀장님들이 말해왔기 때문에 월요일에 가면 일하는 곳이 바뀌어 있겠구나 생각했다. 그런데 책을 읽는데 갑자기 이동한 창고에서 알바를 그만두게 되리라는 것을 그저 알았다. 그 당시에는 이런 능력이 직감이라는 것조차도 인식하지 못했다. 그리고 다음 날 내가 전날 '그저 알게 된' 사실이 실제로 일어난 것을 체험했지만 그때도 우연의 일치라고 생각했다.

'그저 아는 것'으로 시작된 직감 능력의 상승은 예지몽으로 바뀌기 시작했다. 물류센터에서 같이 일을 했던 동생 중 혜미(가명)라는 동생이 있었다. 혜미는 남편이 분노할 때마다 내뱉는 말 때문에 상처를 많이 받고 있었다. 이혼을 하겠다는 말을 입에 달고 살았지만 경제권이 남편에게 있었고, 혜미는 10만 원도 없었다. 부부싸움을 하면 혜미의 남편은 딸아이가 듣고 있는 앞에서도 "이혼하면 네가 데려다 키워. 너 닮아서 키우기 싫어"라는 말을 했다고 한다. 나는 혜미보다 혜미의 딸이 더 걱정되었다. 내 경험상 부모가 자녀 앞에서 싸우면서 했던 말들은 자녀의 무의식 안에 그들이 쏟아냈던 감정까지 그대로 쌓이게 된다. 어느 날 혜미는 정말 이혼하겠다고 하면서 집을 알아보는 데 도와달라고 했다. 부모님에게 보증금을 빌리고 월세로 집을 얻을 것이라고 강한 결심을 내보였다. 회사 근처에 보증금 300에 월세 30만 원짜리 적당한 집을 알아봐줬다. 다음 날 새벽 명상을 하는 도중에 혜미에게 전화가 왔다. 새벽부터 또 싸우면서 막말이 오갔고, 결국 이혼하기로 했다면서 펑펑 울었다. 나에게 전화를 하기 전에 부모님에게 보증금을 빌리려고 전화를 했는데 부모님은 돈은 고사하고 집으로 오지도 말라고 했다면서 서러움을 토로했다. 마음이 너무 아팠다. 보증금을 구할 방법이 없으면 내가 빌려줄 테니 걱정하지 말라고 혜미를 달래고 전화를 끊었다. 그리고 다시 명상을 했다.

명상하다가 잠깐 잠이 들었는데, 그때 꿈을 꾸었다. 귀여운 아기 돼지가 내 앞에서 애교를 부리더니 자기 몸에 묻은 더러운 진흙으로 나의 옷을 더럽혔다. 그리고 혜미로 변해서 힘으로 나를 제압하려고 했다. 나는 잠에서 깬 후 뭔가 이상하다고 느꼈다. 혜미가 전혀 그렇게 행동할 것 같지 않았기 때문이다. 나는 돈을 빌려주려던 마음을 잠시 보류했다. 며칠이 지난 후 혜미는 내가 알고 있던 사람과 다른 사람이라는 것을 알게 되었다. 나에게 울면서 전화를 한 후부터 나를 멀리하기 시작했고, 뒤에서 나에 대한 욕을 하고 다니기 시작했다. 내가 이혼하도록 부추긴 것처럼 말이다. 그리고 갑자기 주변 사람들에게 자기 남편을 칭찬하고 다니기 시작했다. 반전도 이런 반전이 없었다. 혜미의 심적 변화의 원인은 아직도 모르겠다. 내가 돈을 빌려줄 것이라고 믿었는데 그렇게 하지 않아서 태도를 달리했는지, 아니면 남편에 대한 안 좋은 말을 너무 많이 해서 스스로 수치스러워서 그랬던 것인지는 모르겠으나, 그녀의 태도 변화로 내가 꾸었던 꿈이 예지몽이었다는 것을 깨달았다.

'그저 아는 것'에서 예지몽으로 변화한 직감 능력은 명상 중 홀로그램으로까지 나타났다. 물류센터에 알바로 왔던 32살 하진(가명)이라는 여자가 있었다. 하진은 내 바로 옆에서 일을 했고, 성실한 듯해서 몇 번 대화를 나눴는데 하진이의 사정은 생각보다 심각했다. 부모님은 23살 때 교통사고로 두 분 모두 돌아가셨고, 형제가 한 명도 없었다. 23살부터 30살까지 우울증 약을 먹었는데 이렇게 살면 정말 죽을 것 같아서 일을 시작했다고 했다. 육체노동을 하면 피곤하기 때문에 집에 가면 바로 자게 되고, 생각을 많이 안 할 수 있어서 좋다고 했다. 마음이 아팠다. 하진을 도와주려고 내가 사는 오피스텔에 하진이 차를 주차할 수 있도록 등록도 해주고 물류센터에서 직원들에게 주는 간식도 남겨놨다가 챙겨줬다. 어느 날 명상 중에 신기한 장면을 보았다. 하진이가 검은색 오리로 변하더니 주둥이로 나를 공격하려고 하는 것이다. 그리고 일주일 후에 나는 하진이가 나에게 했던 말 중 대부분이 거짓말이라는 것을 다른 사람의 말을 듣고 알게 되었다. 하진이가 나에게 한

말, 팀장님에게 한 말, 옆 창고 직원에게 했던 말이 모두 달랐다. 이 사람에게 불쌍하게 보여서 이 행동을 하게 유도하고, 저 사람에게 불쌍하게 보여서 다른 행동을 유도하는, 말 그대로 소시오패스적 성향이 다분했던 사람이었다. 사람을 쉽게 믿으면 안 되지만 설마 그 정도로 거짓말을 많이 할 줄이야, 내가 어떻게 알았겠나.

직감 능력의 상승은 2년이라는 시간 동안 지속해서 '그저 아는 것', '예지몽', '명상 중 홀로그램'으로 형태를 바꿔가면서 나에게 앞날을 알려주었다. 나는 이 직감 능력 때문에 나에게 일어날 수 있는 많은 안 좋은 일을 피할 수 있었다. 혜미에게 돈을 빌려주지 않을 수 있었고, 거짓말하는 알바생을 피할 수 있었다. 한번은 태블릿 메인보드가 먹통이 되기 2일 전에 예지몽을 꿔서 저장되어 있던 그림과 책에 관련된 파일을 백업해 놓을 수 있었다. 많은 책에서 인간이 자기 내면을 들여다보기 시작하면 직감 능력이 상승한다고 쓰여 있다. 나는 그 모든 말이 사실이라는 것을 확인했다. 무의식이 정화하기 시작하면 영혼은 빛이자 사랑이자 신이 된다. 그러니 신성이라고 하는 직감 능력도 향상하는 것이다. 그리고 그 직감 능력의 목적은 나를 사랑하는 것이고, 나를 사랑하면 타인을 사랑할 수 있게 된다. 나의 직감 능력이 정점을 찍으면서 인간의 사랑은 다른 사람에게 실제로 영향을 미친다는 것을 깨달았다.

사랑하면 사람한테서는 빛이 나와. 그 빛은 순간적으로 사람의 머리 위에서 운행하는 천체에 반사되어 다시 지구로 내려오고 모든 살아 있는 것에 생명을 불어 넣지.

– 블라지미르 메그레, 《아나스타시아》(2007)[38] –

물류센터에서 관리자로 일하고 있는 수미(가명) 언니는 귀가 얇고 어리숙했다. 수미 언니는 소시오패스적 성향이 강한 미자와 어울려 다니면서 미자에게 휘둘려 미자와 같은 행동을 하고 다녔는데 어느 날 그 일에 대한 카르마가 그 언니의 자녀들에게 돌아간다는 것을 직감적으로 알았다. 예지몽이나 명상 중에 보이는 홀로그램 같은 장면이 아니라 어느 날 아침 명상 중에 그저 순간 알게 되었다. 만약 미자의 자녀들에게 일어날 일이었다면 나는 '한번 당해봐라'라고 생각했을 텐데, 수미 언니는 어리숙할 뿐이지 못된 사람은 아니었다. 그날 왜 그랬는지 내 안에서 '빛으로 사랑의 염체를 보내볼까?'라는 생각이 들었다. 깊은 명상에 들어가서 빛을 심상화하고 상대방에게 전하고 싶은 말의 느낌을 빛과 함께 보내는 것이다. 빛으로 그 언니의 머리부터 발끝까지 모두 감싸는 것을 심상화했고, 이 기도는 정말 효과가 있었다. 수미언니가 실제로 자신의 행동을 180도로 바꾼 것이다. 사실 처음에는 우연의 일치라고 생각했다.

> 우리는 우리를 미워하는 사람에게 사랑의 염원을 보냄으로써 자신을 평온하게 할 수 있습니다. 그럼으로써 우리가 그들을 미워하는 마음을 풀어버리게 됩니다. 그들은 우리의 꿈속에 출몰하는 염체들을 더 이상 보낼 수 없게 됩니다.
>
> – 키리아코스 C. 마르키데스《지중해의 성자 다스칼로스 1》(2007)[39] –

어느 날 《람타》를 읽는 중이었다. 기도를 하던 중도 아니었는데, 갑자기 내 의식에서 무언가가 보이기 시작했다. 실제로 내 안에서 나간 빛이 사람의 영혼을 휘감고 빛이 나기 시작했다. 그 영혼은 하얀색 티셔츠에 검정 바지를 입은 검은색 머리의 남자였고, 쇠창살 안에 갇혀 있었다. 실제로 투옥

되어 있었던 사람인지, 아니면 그저 그 사람의 답답한 감정이 아스트랄계로 표현된 것인지는 모르겠다. 고개를 푹 숙이고 있어서 얼굴은 보지 못했지만 친근하게 느껴졌다. 빛은 평소에 내가 기도할 때 심상화로 만들었던 빛의 형태가 아니었다. 전구를 아주 촘촘하게 붙여놓은 크리스마스트리와 비슷했는데 전구들은 계속 빛을 내고 있었고, 그 바깥으로 빛의 소용돌이가 회전을 하고 있었다. 나는 이전에도 이후에도 이런 것을 본 적이 단 한 번도 없다. 한 사람의 심장에서 나오는 사랑의 염체는 실제로 다른 사람에게 영향을 미칠 수 있다. 종교에서도 진심으로 하는 기도는 효과가 있는 것과 같은 원리다. 그리고 이후부터 나는 빛 기도라고 명칭하고 사람들에게 실험하기 시작했다.

내가 내 주변에 모든 사람에게 빛 기도를 했던 것은 아니다. 내 안에서 연민이 느껴지는 사람들 중에서 진심으로 기도해주고 싶다고 느껴지는 사람에게만 사랑의 염체를 빛으로 보내봤다. 그런데 이 기도는 특징이 있다. 보통의 경우에는 실제의 삶에서 상대방의 태도나 감정의 변화를 내 눈으로 확인할 수 있는데, 소시오패스 성향이 강한 사람에게는 이 기도가 통하지 않는다는 것이다. 이들에게는 타인에 대한 분노와 적개심, 자신의 두려움과 열등감이 영혼의 내면을 겹겹이 두르고 있어서 내가 하는 기도로는 어림도 없었던 것 같다. 이런 경우는 어떻게 해야 하는 거냐고 물으면 내 안에서 그런 대답만 올라왔다. '비판하지 말고 그저 관조하라.'

어떤 인간에게 선을 행할 때, 그의 장래 행위까지 그와 약속하는 것은 아니다. 그의 행위에 대해서는 오직 그만이 전적인 책임을 져야 한다. 너의 의도는 선했다. 결과를 판단하는 것은 너의 할 일이 아니다. 그것은 하나님과 카르마에 속한 것이다.

– 키리아코스C. 마르키데스 《지중해의 성자 다스칼로스 1》(2007)[39] –

내가 하는 빛 기도는 사랑의 염체를 빛으로 보내는 방법이다. 명상으로 마음을 차분하게 한 후에 기도하고 싶은 대상을 내 앞에 있다고 상상한다. 나의 심장에서 빛이 나가 상대방의 영혼을 머리부터 발끝까지 휘어 감는 것을 심상화한다. 눈에 빛이 보이든 보이지 않든 상관없다. 특히 영혼의 머리 뒤쪽을 빛으로 강하게 심상화한다. 인간의 생각과 감정은 염체를 만들고 이 염체는 눈썹 사이의 이마에서 나가 머리 뒤쪽, 우리가 흔히 '뒷골'이라고 말하는 뇌하수체(송과체)로 흡수되어 들어간다. 철학자 데카르트는 송과체가 영혼과 육체의 연결선이라고 정의한다. 영성이 상승하면 발달한다는 제3의 눈, 아즈나 차크라가 있는 곳도 바로 송과체의 부분이다. 우리가 생각이 많아질 때나 스트레스를 받을 때 뒷골이 아픈 이유는 생각이 만들어낸 염체가 이 뒷골 부분으로 들어가기 때문이다. 염체가 사랑과 긍정적인 에너지인 경우에는 문제가 되지 않지만, 기질 자체가 예민하거나, 완벽주의 성향 때문에 스트레스를 잘 받거나, 어린 시절 상처가 회복되지 않았거나, 주변으로부터 비난을 많이 듣거나, 타고난 기질 자체가 음기가 너무 강하면 부정적인 에너지에 억눌려서 이 뒷골이 정화되지 않은 상태로 있다.

인도령이 정신적으로 고통받는 사람들의 머리 뒤쪽에 있는 염체를 보여준 적이 있었다. 이 더러운 에너지는 도로에 까는 아스팔트같이 끈적이는 검은색 물질과 비슷하게 생겼고, 사람의 뒷골 부위에 거머리처럼 들러붙어 실제로 인간의 영혼에 악영향을 준다. 그런 악영향의 증상에는 불면증, 공황장애, 우울증, 악몽, 신경쇠약, 강박증, 신경증, 분리불안장애 등이 있고 극단적으로는 자해나 자살 같은 자기 파괴적 성향으로 몰고 간다. 그래서 빛으로 머리 뒤쪽을 강하게 비추어서 정화해주는 것이다. 명상이 깊은 상태이거나, 의식이 자각몽과 깨어 있는 중간의 상태에서는 하얀색이나, 금색이나, 푸른색의 빛이 내 심장에서 나가 그 사람의 머리부터 발끝까지 감싸는 것이 보인다. 그 영혼의 심장에 기도를 받아들일 수 있는 영혼의 빛이 조금이라도 깨어 있다면 이 기도는 100% 통하고, 그 사람의 의식이 변하기 시작한다. 이 기도를 할 때 반드시 명심해야 할 것은 '진심'이어야 한다는 것과 '기도가 이루어지게 됨으로써 내가 얻게 되는 어떤 이득도 바라지 말아야 한다'는 것이다. 이 두 가지가 가장 중요하다.

플라톤이 쓴 파이돈에서 소크라테스는 "인간의 영혼은 철학을 하지 않고, 절대적으로 순수해지지 않으면 신성을 얻을 수 없다"라고 했다. 영혼의 직감 능력과 빛 기도는 신성이고, 영혼의 본질은 빛이자, 사랑이자, 신이다. 영혼의 무의식이 정화되면 결국 영혼의 순수존재감인 신성이 드러나면서 직감 능력을 상승시키고 사랑의 염체를 타인에게 보낼 수 있게 된다.

내가 이르건대 너희는 신들이며 다 지존자의 아들들이라.

– 시편 82장 6절 –

4.

부정적인 염체를
만들지 않는다

무의식, 카르마, 전생의 습, 운명, 염체는 모두 같은 것이다. 무의식은 말 그대로 무의식이다. 꿈으로 표면화되거나 매일 자아 성찰을 하지 않으면 인간이 쉽게 들여다볼 수 있는 공간이 아니다. 나처럼 전생을 기억하는 것도 흔하지 않다. 그러면 우리가 가장 빨리 무의식, 카르마, 전생의 습, 운명, 염체를 아는 방법은 명리학밖에 없다. 자신의 운명을 알아야 자신의 무의식에 존재하는 염체, 자신이 반복적으로 만들어낸 염체, 전생에서 자신이 가지고 온 카르마를 알 수 있다. 그것을 알게 되면 자신이 생각 없이 습관적으로 만들던 부정적인 염체를 더 이상 만들지 않기로 선택하고 자신의 무의식을 정화하고 운명을 바꿀 수 있다. 즉, 운명을 알아야 바꿀 수도 있는 법이다.

자신이 의도적으로 생각과 감정의 염체를 만들어내는 것을 자유의지라고 한다. 많은 책에서는 자유의지와 운명에 관해 서로 다른 의견을 가지고 있다. 자신의 운명은 바꿀 수 없다는 책도 있고, 바꿀 수 있어도 한계가 있다는 책도 있고, 운명은 자유의지로 극복할 수 있다는 책도 있다. 철학자들도 의견이 모두 달랐다. 결정론자들은 자유의지가 없다고 설명하고, 양립가능론자들은 결정론은 옳지만 여전히 자유의지를 가질 수 있다고 하고, 자유의지론자들은 미래는 결정되어 있지 않다고 말한다.

2021년 12월부터 2022년 7월까지 부모님, 친척 어른들, 내가 알고 있는 모든 지인, 셀럽들을 포함해서 나이가 40 이상인 사람들 1,500명(부부 500쌍 포함)의 사주를 풀기 시작했다. 최악의 사주들이 갖고 있는 공통점과 운명을 바꾼 사람들의 공통점을 찾으면 그들의 삶에서 어떤 염체를 만들어 내는지 실제적인 표본이 될 것이라고 생각했기에 나는 집에서 8개월 동안 명리학만 주구장창 파기 시작했다.

> 그대가 이 세상에 태어났던 날처럼 태양은 혹성들을 향해 인사한다.
> 그대가 세상에 태어나게 한 그 법칙에 따라 그대는 차츰 성장해 왔다.
> 그대는 그 법칙에 따를 수밖에 없다.
> 그대는 그대 자신에게서 도망칠 수 없다.
> 무녀도 예언자도 항상 그렇게 말해 왔다.
> 시간도, 권력도, 형태를 갖추고 성장해 가는 생명을 파괴할 수는 없는 것이다.
>
> – 괴테 –

무의식은 인간의 인생에 지배적이다. 내가 사주를 풀었던 사람들의 90% 이상은 본인의 사주 흐름대로 살아간다. 성공한 삶을 살았다는 사람들의 사주를 보면 자신의 꿈을 포기할 수밖에 없는 상황에서도 노력과 인내를 지속하다가 대운과 맞물려 잭팟을 터뜨리는 경우가 대부분이다. 그리고 그들은 이미 사주에 성공의 시기까지 나와 있다. 물론 사주에

잭팟이 얼마나 크게 터지는지 어떤 복권의 잭팟인지는 나오지 않는다. 누군가에겐 잭팟이 시험 합격일 수도 있고, 누군가에겐 결혼일 수도 있고, 누군가에겐 부가 될 수도 있고, 누군가에겐 명예가 될 수도 있다. 그 사람들의 의식 수준과 전생의 카르마가 모두 다르기 때문에 비슷한 사주의 구성을 가진 사람들의 발현되는 방식도 전부 다르다.

최악의 사주를 가지고 있는 사람들과 소시오패스적 성향을 가지고 있는 사람들의 교집합은 빨리 찾을 수 있었다. 내로남불. 자기반성은 없고, 자기합리화가 강하며, 모든 잘못을 타인에게서 찾는다. 그리고 이들은 절대 외모로 구분할 수 없다. 겉으로 보기에는 귀여운 외모에 애교가 많지만 소시오패스적 성향을 갖고 있는 사주가 수두룩했고, 외모나 말투는 강해 보이지만 앰패스적 성향을 갖고 있는 사람들도 허다했다. 그리고 소시오패스적 성향의 사주와 최악의 사주를 가지고 있는 사람들은 몇 가지 특징이 있다. 첫 번째, 사람들 앞에서 보이는 모습과 본모습이 많이 다르고, 두 번째, 타인을 조정하려는 의도가 강하고, 세 번째, 정조 관념이 없다. 그리고 이들의 가장 큰 공통점은 적대감과 분노다. 이들은 자신의 의도대로 되지 않으면 상대를 물어뜯거나 칼로 베어버린다. 겉모습만 보고는 절대 이것을 알 수가 없다. 1,500명의 사주팔자를 풀면서 외모나 말투를 보고 소시오패스적 성향이 있는지 없는지를 알 수 있는 경우는 거의 없었다. 《롭상 람파의 가르침》에서 말한 것처럼, 이들의 사주를 보면 대부분 삶의 말년이나 철저하게 바닥까지 내려갔을 때만 자신을 돌아본다.

소시오패스적 성향의 사주는 이혼한 부부의 한쪽에서 발견되는 경우가 많았다. 보통 부부들의 사주는 비슷한 에너지가 공존한다. 겉으로 보이는 모습이 외향적인 사람과 내향적인 사람으로 상반되어 보이더라도 사주를 풀어보면 반드시 비슷한 에너지가 있다. 비슷한 에너지는 비슷한 에너지를 끌어들인다. 이혼하는 부부의 사주 구성은 대체로 소시오패스적 성향이 있는 사람과 없는 사람이 만나서 결혼했을 때다. 오히려 소시오패스적 성향이 강한 사람들끼리는 쇼윈도인지 모르겠지만 잘사는 것처럼 보인다. 엄마도 대외적으로는 정말 행복하게 사는 것처럼 보이기 위해 많은 노력을 했다.

　나의 부모님은 두 분 모두 오축 귀문관살, 축오 원진살에 현침살까지 있다. 축오 원진 궁합은 궁합 중에서도 폭력성과 괴롭힘이 가장 강한 성격을 띠는 궁합이고, 현침살은 말로 상대방을 푹푹 찔러 상처 입히는 살이다. 1년 전에 미모의 여배우가 남자배우를 조종한 카톡의 내용이 공개되어 논란이 된 적이 있다. 그 여배우의 사주 구성과 엄마의 사주 구성이 아주 비슷했다. 사주풀이를 해보니 부모님이 싸울 때 보인 광적인 분노와 폭언, 자신들의 열등감을 풀기 위해 자식들에게 보여준 폭력과 집착이 이해가 되었다. 비슷한 에너지는 비슷한 에너지를 끌어들인다. 모든 부부의 궁합을 보여주고 내가 이 사실을 왜 이렇게 강조하는지 말하고 싶지만, 그럴 수 없는 현실을 이해해줬으면 한다. 유명 셀럽부터 내 주변의 많은 사람들까지 어떻게 이렇게까지 비슷한 에너지를 끌어들일 수 있는지 의아할 정도로 비슷하다.

지상에서 살아가는 동안 항상 여러분은 가장 낮은 단계에서부터 가장 높은 단계에 이르기까지 모든 범위에 걸쳐 있는 영의 영향을 받게 됩니다. 그러나 여러분은 자신이 도달한 영적 단계에 있는 존재들만을 끌어들입니다. 사악한 사람은 사악한 영들을 끌어들이고, 고결한 사람은 고결한 영들을 끌어당기죠. 이것이 법칙이 작용하는 방식입니다.

　　　　　　　　　　　　– 실버 버치, 《실버 버치의 가르침》(2020)[40] –

무의식은 인간의 인생에 지배적이다. 내가 사주를 풀었던 사람들의 90% 이상은 본인 사주의 흐름대로 살아간다. 그럼 나머지 10%의 사람들이 어떻게 운명을 바꾸었는가. 사랑과 감사다. 내가 이것을 깨닫기까지, 나머지 10%의 사람들을 찾으려고 장장 8개월 동안 1,500명을 풀게 된 것이다. 성공 신화를 이루었던 사람 중에서 찾은 것이 아니라 부부들의 궁합을 보다가 찾았다. 명리학을 공부하면 부부 관계가 최악이 된다고 나와 있는 사주가 있다. 그리고 그들은 대부분 이혼하거나 별거한다. 그런데 이들 중 행복하게 잘 살고 있는 부부들이 있다. 쇼윈도가 아니다. 자식들까지 속여가면서 쇼윈도를 할 수 있는 부부는 없다. 이들의 가장 큰 특징은 작은 일에도 감사하고, 이웃에게 사랑을 전하는 일, 기부와 봉사활동, 사람들을 돕는 일에 마음을 많이 쓴다는 것이다. 8개월의 공부 끝에 내린 결론이 고작 사랑과 감사냐고 나를 구박할지도, 그런 피상적인 말은 하지 말고 구체적인 방법을 말하라고 할지도 모르겠다. 그러나 나는 그 외의 다른 어떤 결론도 내릴 수가 없었다.

시중에 나온 소원을 이루는 책들은 전부 염체 전쟁이다. 《시크릿》, 《네빌링》, 《끌어당김》, 《운이 풀리기 위한 말버릇》, 《사랑 사용법》, 《당신의 소원을 이루십시오》, 《감사 일기》, 《소원 쓰기》 등 전부 다 자신의 생각과 감정으로 긍정적인 염체를 만들어 무의식에 있는 부정적인 염체들을 긍정적인 염체로 바꾸기 위한 방법서다. 긍정적인 염체로 채워진 무의식은 우주에서 긍정적인 에너지를 가지고 온다. 비슷한 에너지는 비슷한 에너지를 끌어들이는 것이다. 모든 소원을 이루는 책이 말하는 것은 다 이런 염체를 만들어내는 방법을 다른 식으로 설명했을 뿐이다.

인도령이 나에게 보여준 수많은 염체의 통계를 내보면 보통 사랑과 감사에 관한 염체들은 밝은 빛을 내고, 적대감과 분노의 염체들은 어둡고 말하기도 민망할 정도의 사악함, 흉측함, 동물 모양까지 아주 다양한 염체들이 있다. 우리가 소원을 이루기 위해 사용했던 방법들이 효과가 없었다면 무의식에 쓰레기 같은 염체들이 아주 어마어마하게 많이 남아 있다는 것을 의미한다. 무의식이 정화되지 않으면 어떤 방법으로도 소원을 이룰 수는 없다. 그러니 《지중해의 성자 다스칼로스》 책에서 말했던 것과 같이 염체는 운명을 바꾼다.

자신의 무의식을 정화하기 위해 어떤 방법을 선택하든 죽을힘을 다해 매일매일 꾸준하게 긍정적인 염체를 만들어내는 사람이 많지 않기 때문에 결국 운명을 바꾸는 사람이 10%도 안 된다. 그럼 나는 내가 운명을 바꾼 것이냐고 물어보는 사람들도 있겠지만, 아니다. 나도 내 팔자대로 살았다. 심지어 내가 운명을 바꾸었다고 믿었던 이 과정까지 모두 사주팔자에 나와 있었다.

인간이 자신의 의지로 끈기 있게 사랑과 감사의 염체를 만들어내는 과정이 쉬웠다면 벌써 윤회를 끝내고 고차원의 세상으로 갔을 것이다. 영계로부터의 메시지(유튜브 '세정티비')에서 '지구라는 행성은 광대한 우주 속의 수많은 행성 중의 하나에 불과하다. 더욱이 지구보다 정도가 낮은 행성은 단 하나밖에 없다'라는 말이 나온다. 이 말이 사실인지 아닌지는 확인하지 않았지만 만약 사실이라면 우리가 사는 지구는 쓰레기통이다. 그리고 지구를 쓰레기통으로 만든 것은 인간의 무의식에 가득 차 있는 염체들이다. 특히 분노와 적대감의 염체는 내가 보았던 어떤 염체들보다 가장 더럽고 혐오스럽고 지저분하게 형상화되어 있다.

　인간이 생각과 감정으로 만들어낸 염체는 무의식에 남고, 그 무의식은 카르마가 되고, 전생의 습이 되고, 다음 생의 운명이 된다. 결국 염체는 운명이다. 나의 운명을 바꾸는 방법, 우리가 사는 지구의 의식 수준을 높이는 방법은 인간이 끈기 있게 선택해야 한다. 분노와 적대감의 염체를 그만 만들기를 선택하고, 사랑과 감사의 염체를 만드는 것을 지속적으로 끈기 있게 선택하는 것이 운명을 바꾸고, 인류의 미래를 바꾸는 방법이다.

　자유의지에 의한 선택은 무한하게 많은 가능성 중 하나와만 관련이 있어요. 고차원적 영혼과의 연결, 이것은 영원과 무한한 차원들, 그 길을 시각화하고 있는 모든 존재들을 둘러싼 일체성입니다. 자신의 길을 결정하겠다는 완전한 자유의지와 함께 언제나 정확히 이렇게 되어 왔다는 것을 단순하게 인식하는 거죠. 선택을 통해 모든 것이 가능해요. 고차원적 관점은 일체의 방향으로부터 와요. 일체에서 비롯되어야만 실제가 어떻게 가능한지를 인식하죠. 다른 편, 그러니까 베일의 이 편에서는 그것을 알 수 없어요. 그것은 반투명한 거울과 같아요. 하지만 올바른 관점, 즉 일체의 근원에서 보면 명백하게 분리된 것처럼 보였던 영혼과 영혼도 연결되어 있어요. 이런 올바른 관점은 한 사람의 자유의지가 무한한 잠재태로부터 현실태의 방향을 잡아준다는 것을 알아요. 이것은 전부 순수하고 무조건적이며 모든 것에 무한히 힘을 불어넣어 주는 사랑과 연결에서 이루어져요. 창조자의 사랑과 창조는 모두 감사와 사랑, 행복, 기쁨, 본래의 실제로 이루어져 있어요.

　　　　　　　– 앤 클라크, 카렌 조이, 조안 셀린스케, 마를린 하그리브스, 《영혼들의 지혜》(2022)[41] –

　인도령이 나에게 보여준 집단이 만들어낸 부정적인 염체는 내가 보았던 염체 중 유일하게 공포감을 느끼게 하는 모습이었다. 당파 짓기, 붕당 형성, 텃세, 편 가르기, 왕따시키기, 마녀사냥, 악플. 대체로 의식 수준이 낮은 소시오패스들이 하는 행동이다. 이런 사람들이 모여 누군가의 험담을 하기 시작하거나 무리 지어 악플을 달기 시작하면, 부정적인 염체의 형체는 더 빨리 만들어진다. 마치 영화 〈캐리비언 해적〉에서 나왔던 바다 괴물 '크라켄'처럼 생긴 이 염체는 한 사람 한 사람의 이마에서 나오는 적대감을 빨아들이며 더 크고 날카로운 이빨을 만들어낸다.

문제는 이 이빨이 향하는 곳은 그들이 험담하는 대상이 아니라 험담하는 당사자 머리 바로 위에 있다는 것이다. 나는 투시 능력자도 아니고, 영 능력자도 아니다. 단지 인도령이 인간의 생각과 감정으로 만들어낸 염체들이 얼마나 자신의 삶을 파괴적으로 만들고 있고, 한 나라의 미래를, 인류의 미래를 절망적으로 만들고 있는지를 보여준 장면을 묘사하는 것이다. 그 사람들은 자기 머리 위에 자신을 파괴하려고 날카로운 이빨을 드러내고 있다는 것을 절대 알지 못한다. 그리고 신나게 적대감을 드러내며 특정인을 험담하고, 악플을 릴레이로 달고 있다.

또라이 불변의 법칙과 같이 소시오패스 불변의 법칙도 존재한다. 실제 세상에서도 그렇고 인터넷 세상에서도 그렇다. 그들은 열등감을 해결하기 위해 자신들의 도마 위에 올릴 희생자를 필요로 한다. 자신들이 만들어낸 적대감과 분노의 염체를 표출할 오징어 땅콩 같은 존재를 도마 위에 올리고 칼춤을 추고 물어뜯기 시작한다. 그들은 모른다. 그들이 추고 있는 칼춤의 칼날이 자신을 향하고, 그들이 갈고 있는 이빨이 자신을 향하고 있다는 사실을. 비슷한 에너지는 비슷한 에너지를 끌어들인다. 적대감과 분노의 염체는 적대감과 분노의 염체를 만들 상황만을 끌어들이고, 감사와 사랑의 염체는 감사와 사랑의 염체를 만들 상황만을 끌어들인다. 그들은 지속적으로 적대감과 분노의 염체를 발산하며 즐거워한다. 똥 밭에 구르면서 똥 밭에 있는지 모르고, 시궁창에 있으면서 시궁창에 있는지 알아채지 못한다. 그들의 부부생활을, 그들의 부모 자식 관계를, 그들의 인생을 지옥으로 끌고 가는 것은 그들 자신이다.

> 정신적으로 너무 게을러 자신의 생각에 대한 그런 관찰과 조절을 하지 못하는 사람들은, 대개 자신의 생각과 믿음이 자신의 삶에 지금 구현되고 있는 제반 조건들을 창조한다는 점을 인정하지 않는다.
>
> – 조셉 베너, 《영혼의 출구》(2012)[42] –

내가 사주를 풀었던 1,500명 중 자신의 운명을 바꾼 사람은 10%밖에 되지 않는다. 아니 솔직히 말하면 그보다 훨씬 더 적다. 무의식과 카르마와 전생의 습과 운명과 염체는 모두 같은 말이다. 인간은 생각과 감정으로 염체를 만든다. 운명을 바꾸는 것은 전생의 습을 바꾸는 것이고, 전생의 습을 바꾸는 것은 카르마를 바꾸는 것이고, 카르마를 바꾸는 것은 무의식을 정화하는 것이고, 무의식을 정화하는 것은 염체를 바꾸는 것이다. 그러니 결국 염체는 운명을 바꾼다. 운명대로 사는 것이 나쁘다 좋다는 뜻은 아니다.

명리학을 공부하면서 궁금했던 것들을 해결할 때쯤이었다. 인도령은 직접 나에게 또박또박 말로 전하는 경우는 거의 없다. '보여주기' 방법이나 '느낌'으로 전달하는 방식을 많이 사용했다. 유일하게 '반드시'라는 언어를 아주 정확하게 세 번이나 거듭 강조해서 했던 말이 있다. **"감사할 수 없는 상황에서도 감사를 하면, 반드시 반드시 반드시 감사할 일이 생긴다."** 성경이

나 많은 영성책에서도 읽은 적이 있지만 나는 이 말을 마음에 담지도 않았고, 실행했던 적도 없었다. 내가 명리학을 공부한 이후 감사의 힘을 진실로 이해할 의식의 수준이 되자 인도령은 그 말을 거듭 강조했다.

배를 타고 강을 유람한다고 생각해보자. 물살이 거세질 때 우리는 안전띠를 매고 손잡이를 꽉 쥐고 긴장한다. 물이 잔잔할 때 주변 경치도 보고 주변 사람들과 웃으며 담소도 나눈다. 바람이 배를 밀어주어 힘들이지 않고 항해를 시작하면 노를 저어 더 빨리 나아갈 수도 있다. 한 사람의 인생에서 대운의 흐름도 이와 비슷하다. 그렇다면 물살이 거세질 때 두려움에 떨면서 거센 물살을 불평하고 있어야 하나? 아니다. 안전띠가 있다는 것이 감사할 수 있고, 손잡이가 있다는 것에 감사할 수 있다.

대운이 시작되어 운이 좋아지기 시작하면 일은 잘 풀린다. 귀인이 나타나 나의 일을 돕고, 안 풀렸던 일들이 풀리고, 막혔던 돈줄이 뚫린다. 그러나 운이 나빠지기 시작할 때 우리는 주의를 경계하고 긴장한다. 이때 우리가 할 수 있는 일이 바로 감사하는 일이다. 우리가 태어나기 전에 이미 선택해 놓았던, 우리가 부정적인 염체를 정화하기 위해 설정해 놓은 일들은 반드시 일어나게 되어 있다. 그 일들이 고난일 때 두려움에 떨고 상황을 불평하지 말고 주어진 상황에서 감사할 수 있는 일들을 찾아 감사하는 것이 상황을 역전시키는 방법이다.

인도령은 '감사할 수 있는 상황에서'라고 말하지 않았고, '감사할 수 없는 상황에서도'라고 말했다. 고난의 상황을 빨리 벗어나는 방법, 우리가 무의식에 남겨진 카르마대로 행동하여 번뇌의 악순환을 반복하지 않는 방법, 우리의 부정적 염체를 빨리 정화할 수 있는 방법, 그래서 운명을 바꿀 수 있는 방법은 **감사**하는 것이다.

카르마는 그 사람의 의식에서 만들어지므로 의식을 긍정적인 방향으로 변화시키는 것이 매우 중요합니다. 그리고 의식은 무의식에 뿌리를 두고 있으므로 의식을 변화시키는 것은 무의식 속에 잠재된 업을 정화하는 결과를 낳습니다.

– 박진여, 《당신, 전생에서 읽어 드립니다》(2018)[29] –

5.

부정적인 가치에
가스라이팅 당하지 않는다

자기애성 인격장애 부모는 끊임없이 자신의 자녀를 남과 비교하고 판단하고 지적한다. 나의 엄마도 어김없이 그렇게 행동했다. 다른 아이는 젓가락질을 이렇게 하는데 너는 왜 그렇게 못해? 다른 아이는 저런 상황에서도 점잖게 잘 있는데 넌 왜 그렇게 못해? 다른 아이는 사람들 앞에서 노래도 잘하는데 넌 왜 그렇게 못해? 다른 아이는 영재 소리 듣는데 넌 왜 그렇게 못해? 다른 아이는 가난해도 서울대에 들어가는데 넌 왜 못 들어가니? 다른 집 딸들은 부모님께 용돈을 100만 원씩 준다는데 넌 왜 못 주니? 다른 집 딸은 의사랑 잘도 결혼하는데 넌 왜 못하니? 다른 집 자식들은 200만 원짜리 코트도 잘 사준다는데 넌 왜 못 해주니?

엄마가 남과 나를 비교하는 행동은 내가 어른이 된 지금까지도 변함없이 지속되고 있다. 나는 엄마와 마주할 때마다 이런 이야기를 들어야 했다. 엄마가 나에게 심어 놓은 비교하는 습관은 나의 어린 시절부터 무의식에 차곡차곡 쌓여 갔고, 나도 모르는 사이에 엄마처럼 나를 다른 사람과 비교하고 있었다. 다른 강사의 발음, 가르치는 학생들의 외모, 원장들의 재력까지… 나는 항상 남과 나를 비교하며 내가 초라하다고 생각했다. 자존감은 지하 20층이고, 자신감은 지하 30층이었다.

엄마가 나에게 했던 말 중 나 자신까지 속이게 된 말은 '비정상'이라는 단어였다. 대학교 1학년 때 성균관대학교에 다니는 남자와 교제하다가 헤어졌다. 엄마는 그런 조건의 남자와 헤어진 나를 '비정상'이라고 했다. 혼자 조용하게 예배를 드리고 싶어서 친구들과 같이 앉지 않고 3층 구석에 앉아 있었다. 사람들과 어울려야 정상인데 혼자 있는 것을 좋아하는 내가 '비정상'이라고 했다. 대학교 2학년 때 도서관에서 역사와 관련된 책들을 명절에 빌려와 방에서 읽고 있었다. 《한중록》을 읽고 있던 나를 보며 엄마는 이상한 책이나 읽는 내가 '비정상'이라고 했다.

나는 엄마가 지속적으로 사용한 '비정상'이라는 말에 가스라이팅 당해 내가 정말 '비정상'이라고 오해했고, 나와 비슷하지도 않은 사람들과 어울리려고 노력했다. 그러나 사람들의 대화에 나는 흥미를 갖지 못했다. 명품 이야기, 연예인 이야기, 피부과 이야기, 남자들 이야기, 옷 스타일에 대한 이야기, 화장품 이야기, 부동산 이야기, 주식 이야기 등 이런 이야기에 관심조차 없는 내가 엄마가 표현한 '정상'에 부합하기 위해 했던 노력은 맞지도 않는 옷을 억지로 입는 것처럼 불편했고, 항상 가면을 쓰고 살게 했다. 나는 그때 몰랐던 것이다. 내가 지극히 정상이었다는 사실을.

진정으로 힘이 있는 사람은 결코 다른 사람에게 간섭하지 않습니다. 진정으로 힘이 있는 사람은 결코 다른 사람을 통제하거나 자기의 의지를 다른 사람에게 강요하지 않습니다. 진정으로 힘이 있는 사람은 결코 다른 사람을 판단하지 않습니다. 참된 힘은 하나임에서 솟아납니다. 거기에는 대립하는 힘이 없습니다. 대립은 이원성 안에서만 일어날 수 있습니다. 가장 깊은 수준에서 참된 힘은 사랑입니다. 그리고 조만간 세상의 위대한 전사들은 이 단순한 진실을 깨닫게 될 것입니다.

– 레너드 제이콥스, 《현존》(2010)[43] –

가스라이팅은 자신에 대한 믿음이 없으면 쉽게 당한다. 교회에 다닐 때 목사님이 했던 설교는 자신을 불신해야 한다는 믿음에 기름을 부었다. 내가 다녔던 교회의 목사님은 세상에 가장 믿지 못할 것이 자기 자신이라고 설교했다. 결심해도 작심삼일로 끝나기 일쑤고, 목표를 계획하고 얼마나 많은 것을 포기했냐고 하면서 자신을 믿지 말고 하나님을 믿으라고 설교했다. 나는 그 당시에 정말로 그 말이 맞다고 생각했다. 나만 봐도 아침에 일찍 일어나겠다고 결심하고 작심삼일, 다이어트 하겠다고 결심하고 작심삼일이었기 때문에 세상에서 가장 못 믿을 것이 바로 나 자신이라고 생각한 것이다.

히키코모리가 되어 책을 읽고, 무의식이 정화되고, 영혼의 본질을 깨닫고 나서 나는 세상이 나의 무의식에 너무 많은 쓰레기를 버렸다는 사실을 알 수 있었다. 엄마가 주입한 쓰레기들이 나와 남을 끊임없이 비교하면서 자존감을 깎아내리고 있었다는 것도, 교회의 목사님들이 강단 위에서 설교하신 모든 내용이 기독교의 미덕과는 전혀 상관없는 것이 많았다는 것도, 명리학을 공부하고 내 사주를 풀어보면서 나는 원래 형이상학적인 것에 더 관심 있어 하는 성향인 것도, 전부 이전에는 몰랐던 것들이다. 가스라이팅. 나는 엄마에게, 종교에, 세상에, 가스라이팅 당하면서 살아왔던 것이다.

광고와 홍보의 영역 및 오늘날 이와 밀접히 연관된 정치 분야는 개소리의 사례들로 온통 가득 차 있다. 그리하여 이들 분야는 반복의 여지 없이 개소리라는 개념의 고전적 패러다임들을 제공할 수 있다. 그리고 이들 분야에는 절묘하게 세련된 장인들이 있다. 이들은 난이도 높은 선전 기법의 시장조사, 여론조사 및 심리테스트 기술 등의 도움으로, 자기들이 생산한 말과 이미지가 정확하게 전달되도록 지칠 줄 모르고 몰두한다. 아무리 학구적으로 성실하게 한다 해도, 개소리쟁이들이 또한 무언가를 들키지 않고 교묘히 처리하려고 든다는 점은 여전하다.

– 해리 G. 프랭크 퍼트, 《개소리에 대하여》(2016)[44] –

2021년 8월 17일에 꾸었던 꿈을 떠올렸다. 축구장의 많은 사람이 초점을 잃은 눈으로 광고가 나오는 전광판을 보고 있었다. 사람들은 광고에 나오는 제품의 가치가 자신의 가치를 나타낸다고 착각한다. 사실 어디에 눈을 돌려도 전부 기득권이 만들어낸 가치가 붙어 있다. 지하철, 버스, 유튜브, TV, 드라마, 영화, 심지어 공중화장실 벽에까지. 인간의 가치를 높아지게 하려면 그들이 만든 제품을 구매해야 한다고, 그들이 제공한 장소에 가야 한다고, 그들이 제공한 커피를 마셔야 한다고, 그들이 만든 의류를 입어야 한다고, 그들이 만든 가방을 들어야 한다고, 그들이 만든 운동화를 신고, 시계를 차고, 장신구를 하고, 음식을 먹어야 한다고 많은 광고가 말하고 있다. Flex. 그들은 빛으로 영혼을 flex하기보다 돈으로 자신의 외모를 flex하게 선택하도록 유도한다. 명상을 해서 마음을 정화하기보다 비싸고 화려한 브랜드로 눈을 정화하라고, 책을 읽고 지혜로 머리를 채우기보다 유명 잡지의 셀럽 문화의 지식으로 머리를 채우라고, 감사와 사랑으로 자신의 운명을 바꾸기보다 성형해서 운명을 바꾸라고. 영혼의 눈이 장님인 사람들은 매체가 주는 프레임에 자신을 맞추려고 남과 나를 비교하고 과한 소비를 한다. 영혼에게 중요한 것을 놓치기 시작하는 것이다. 그런데 과연 인간의 가치가 그렇게 한다고 높아질까?

인간의 가치는 영혼의 빛이 얼마나 밝게 빛나는지로 결정된다. 영혼의 본질을 깨닫고 자신을 사랑하게 되면 자신에 대한 믿음이 생긴다. 내가 나를 신뢰하게 되면 타인이 나에게 주는 인정이나 신뢰는 더 이상 구하지 않는다. 결국 자기 신뢰는 자기 사랑에서 나오고, 영혼의 본질을 잊지 않게 만들며, 그것은 진실로 자신을 강하게 만든다. 자기가 내린 선택에 대한 믿음. 결심한 것을 포기하지 않을 것이라는 믿음. 나의 가치는 타인에 의해 결정되는 것이 아니라는 믿음. 나를 사랑하는 행동은 인류를 사랑하는 것이고, 인류를 사랑하는 것은 신을 사랑하는 것이고, 신을 사랑하는 것은 결국 자신을 사랑하는 것이라는 믿음. 자신을 사랑하지 않으면 절대 스스로를 믿을 수 없다. 결국 무의식이 정화되고 영혼의 본질을 깨닫는 모든 과정은 자신에 대한 믿음을 회복하는 과정이며, 그것은 신에 대한 믿음을 회복하는 과정이다. 그리고 그런 과정에서 영혼은 자신의 진짜 사명을 깨닫게 된다.

> 물질은 욕정을 낳았다. 욕정은 본질에 반하는 것으로부터 유래되기 때문에 본질의 형상을 갖지 않는다. 욕정으로 인하여 몸 전체에 교란하는 혼동이 일어났다. 이 때문에 나는 너희에게 이렇게 말했다. 마음으로는 만족하되 한편으로는 불만족스럽고 반항적으로 남아 있으라. 진실로 오직 본질의 형상 안에 현존할 때만 만족하고 유쾌할지어다. 귀가 있어 들을 수 있는 자는 들을 지어다.
>
> – 막달라 마리아, 《초기 기독교 여성 지도자들》(2019)[45] –

사명의 사전적 의미는 나에게 맡겨진 세상의 절대적 임무다. 나는 사명이란 태어나기 전에 자신이 선택한 직업이라고 생각했다. 그러나 인도령의 말은 전혀 달랐다. "무의식은 삶에 대한 자신의 태도다. 자신의 전생에서 만들어진 수많은 염체가 다음 생을 결정하는 데 가장 중요한 요소가 되는 것이다. 아무도 영혼에게 직업을 선택하도록 강요하지 않고, 사람들이 자신의 사명이라고 믿는 것은 전부 전생에서의 경험과 가치가 무의식에 저장되어 있던 것이다. 사명이라는 것은 직업이 아니다. 영혼들의 진짜 사명은 자신들의 본질을 깨닫는 것이다. 그 과정에 이르기 위해서 어떤 직업을 선택하든 전혀 중요하지 않다." 인도령의 마지막 말이 가슴 깊이 남았다. "직업은… 중요하지 않다."

내가 전생에 안나였다는 사실을 알고 나서 그 생애 안나가 썼다는 《도스토옙스키와 함께한 나날들》이라는 책을 읽어 보았다. 그 책에서 안나는 교육이 세상을 바꿀 수 있을 것이라고 믿고 선생님이 되고 싶어 했지만 가난한 집안 환경 때문에 어쩔 수 없이 속기사로 일을 하게 된다. 속기사로 일을 시작하면서 남편을 만나고 작가라는 직업이 얼마나 가치 있는지 깨닫게 된다. 안나가 쓴 책을 읽어보면 그녀가 남편을 진심으로 존경했고, 남편이 하는 일에 대한 가치도 높이 생각하고 있다는 것이 느껴진다. 결국 내가 현생에서 작가를 하고 싶었던 이유도, 강사를 직업으로 선택했던 이유도 전부 그 생에 나의 무의식에 저장되어 있던 전생에서 기인한 것이다.

A: "네가 그렇게 느낀다면 그게 맞는 거야. 너무 애써 붙잡지 마. 그냥 흘러가게 둬. 그렇게 의미 있는 거 아니고 세상에 중요한 게 하나 없어. 이 세상에 그 무슨 일이든, 직업 뭐 그

런 거 중요하지 않아. 그런 거 하러 온 거 아니거든."

Q : "그럼 어떤 걸 하러 온 걸까요?"

A : "사랑. 조건 없이 쏟아주는 사랑이 뭔지, 그걸 체험하고 배우러 온 거야. 네가 무슨 일을 하는 것은 그렇게 중요한 거 아니야. 직업이 너는 아니니까."

Q : "그러면 이 사랑이라는 것이 어떤 것일까요? 무엇이 사랑일까요?"

A : "사랑은... 심판하지 않는 거야. 옳고 그르고, 나쁘고 좋고, 그런 걸 구분하지 않는 거야. 다 받아들이는 게 사랑이야."

– 유튜브 〈무의식 연구소〉(석정훈) –

플라톤의 저서 《파이돈》을 보면 소크라테스가 말하길 "철학은 물질계에 대한 해방과 영혼의 정화를 목적으로 한다."라고 쓰여 있다. 철학자들 사주를 풀어보면서 그들의 성향이 나와 아주 비슷하다는 것을 깨달았다. 그들은 대부분 엠패스적 기질이 강하고, 형이상학적인 것에 더 관심이 있다. 그들은 사람들이 물질계에서 고통받지 않는 근본적인 해결 방법을 찾기 위해 철학을 공부했던 것이다. 나는 염세주의자를 싫어하기 때문에 쇼펜하우어를 좋아하지 않았다. 그런데 그의 책을 읽어보니 왜 프로이트, 칼 융, 니체, 마르크스, 비트겐슈타인, 아인슈타인, 하이젠베르크 등등 많은 철학자가 쇼펜하우어의 광팬이었는지 알 것 같다. 그의 책을 읽어보면 인간의 고통에 대한 깊은 통찰을 볼 수 있다. 그가 인간의 고통을 통찰하고 싶었던 이유도 사람들이 세상에서 고통받지 않도록 돕는 것이 가치 있다고 생각했기 때문이리라. 쇼펜하우어가 보기에는 인간들이 세상에서 무엇인가를 하려고 '의지'를 갖는 것이 고통의 시작이었다. 나는 의지를 버리는 게 아니라, 그 의지를 영혼의 본질을 밝히는 데 두면 어떨까 생각한다.

트리나 폴러스의 《꽃들에게 희망을》이라는 그림책을 보면 많은 애벌레의 목표는 애벌레 기둥 꼭대기다. 나는 그 그림을 보면서 성경에서 언급하는 바벨탑과 1851년 런던 엑스포를 위해 만들어진 수정궁이 생각났다. 인간의 에고가 부리는 교만의 상징이자, 자본주의의 부와 명예의 상징물. 많은 사람은 바벨탑의 꼭대기와 수정궁의 화려함을 원한다. 인간의 사명을 애벌레 기둥 꼭대기로 삼게 되면 영혼은 눈이 멀게 된다. 쇼펜하우어가 말하는 인간의 의지를 애벌레 기둥 꼭대기가 아니라, 나비가 되는 것을 목표로 삼는다면 어떨까? 그러면 세상이 인간에게 주입하려는 수많은 쓰레기 같은 가치에 의해 쉽게 가스라이팅 당하는 일은 없지 않을까? 우리의 의지를 나비가 되는 것에 두게 되면, 물질계에 일어나는 일에 대해서 초연해지지 않을까? 자기 직업의 가치를 자신의 본질을 밝히는 데 두지 않을까? 빛이자, 사랑이자, 신인 영혼의 본질 말이다.

소율아. 이런 세상에선 말이다. 출세를 하는 것 자체가 죄악이다.
출세를 하려면 할수록 조선 백성을 짓밟게만 되어 있으니,
그보단 차라리 이 땅을 어루만질 노래를 만드는 편이 훨씬 더 보람된 일이 아니냐.
저들에게 필요한 건 한가하게 음미할 노래가 아니야.
저들에게 필요한 건 눈물이고 웃음이야.
난 이 시대의 아리랑을 만들 거야.
지치고 힘없는 이들이 고달픔으로 부르는 노래.
조선의 마음이 부르고 불러서 비로소 완성되는 노래.

– 영화 〈해어화〉 중[46] –

6.

섭식장애가
사라지다

초등학교 6학년 때 집에서 쉬고 계신 아빠에게 맛있는 음식을 만들어 드리고 싶었다. 집에 어떤 재료가 있는지 살펴보니 샌드위치를 만들 수 있을 것 같았다. 나는 아빠를 위해서 샌드위치를 만들기 시작했다. 빵을 굽고 계란을 삶고 오이를 씻고 햄을 사각으로 잘라 조리했다. 아빠가 드시기 편하도록 빵 끝을 잘라 모양을 내고 샌드위치를 만들어 대각선으로 잘라 제과점에서 파는 샌드위치처럼 보이도록 세로로 세운 후 아빠에게 가져갔다. 아빠는 바둑 티브이를 보고 계셨는데 내가 만든 샌드위치를 드시며 나에게 말했다. "이렇게 처먹다가 돼지 되려고 그러냐?" 내가 그때 뚱뚱했었는지 아니었는지는 기억나지 않지만 아빠의 말투와 눈빛은 아직도 기억난다.

내가 중학생이 되었을 때 아빠는 집에서 30분 정도의 거리에 자신만의 밭을 만들고 주말마다 밭일을 하러 가셨다. 부모님은 주말 아침 일찍 밭에 가서 오후에 집에 오셨는데 항상 땀에 젖어 지쳐서 돌아왔다. 엄마는 힘든 몸으로 식사 준비를 했고, 나는 엄마가 너무 힘들어하는 것이 안쓰러웠다.

중학교 2학년 여름 어느 날, 나는 부모님이 오시기 전에 감자라도 볶아놓고 집에 오시면 바로 식사하실 수 있게 해드리고 싶었다. 타이밍을 잘못 맞추었던지 감자를 깎는 도중에 부모님이 오셨다. 내가 말했다. "감자볶음이라도 만들려고" 아빠가 말했다. "돼지처럼 혼자 실컷 처먹어라!!" 부모님이 힘들게 일하고 왔는데 나 혼자 배고프다고 감자볶음을 먹겠다고 요리하는 것으로 오해를 했던 것 같다. 아빠의 말을 듣고 내 방에 들어가서 눈물을 흘렸던 것을 보면 그 말이 꽤 상처가 된듯하다.

고등학교 3학년 때 나는 키 160㎝에 63㎏이었다. 앉아서 공부만 하고 먹기만 하니 결국 최고의 몸무게를 달성했다. 대학에 입학해서 57㎏까지 살을 뺐지만 식탐이 강한 나는 다이어트가 힘들었다. 명절에 아빠의 차를 타고 할아빠의 산소에 다녀오는 길이었다. 횡단보도에서 날씬한 여학생이 하늘거리는 시폰 원피스를 입고 지나가고 있었다. 엄마가 그 장면을 보고 말했다. "원피스가 참 예쁘네. 너도 저런 거 사 입어 봐" 옆에서 운전하던 아빠가 말했다. "날씬해야 저런 걸 입지. 돼지 같아서 저런 게 어울리겠어?" 아빠는 현침살을 가진 사주답게 항상 극단적이고 직설적인 방법으로 말을 했고, 그 말들은 송곳같이 나를 푹푹 찔러 상처를 남겼다.

대학교 2학년 여름방학 때 나는 다이어트를 했다. 저녁을 안 먹고 학교 운동장을 20바퀴씩 뛰었다. 그렇게 했더니 3개월 만에 48㎏까지 빠졌다. 다이어트를 처음 시작할 때까지도 아빠는 나에게 말했다. "네가 언제 끝까지 한 적 있냐? 작심삼일이지. 얼마나 하나 보자" 그러나 3개월 후 아빠의 태도가 갑자기 돌변했다. 다이어트에 좋다며 포도를 몇 박스씩 사왔고, 백화점에 나를 데리고 가더니 길에서 봤던 대학생이 입고 있던 비슷한 시폰 원피스와 비싼 샌들까지 사주면서 기분이 아주 좋아서 나를 데리고 다녔다. 아빠의 갑작스러운 태도 변화를 보면서 나는 날씬해야지만 사랑받을 수 있다는 것을 깨달았다. 아니, 아빠의 태도 변화가 나의 무의식에 그렇게 주입했다. 내가 살을 빼고 나서 대학교 남자 선배들조차도 나를 보는 눈빛이 달라졌다. 평소엔 시험 족보만 받으러 오던 오빠들이 집에 데려다준다거나, 밥을 사준다고 하는 것이다. 그리고 나는 다시 살이 찌면 절대 사랑받을 수 없다는 강박증이 생겼고, 그 강박증은 섭식장애로 나타났다.

민수와 만나면서 찐 살이 5kg, 헤어지고 맥주와 치킨으로 5kg, 나는 다시 10kg이 늘었다. 그리고 이때부터 여기에 적기도 창피한 먹토(먹고 토하기)가 시작되었다. 다이어트 한다고 며칠을 굶다가 갑자기 폭식하고 전부 토해버리는 것이다. 하지 말아야 한다는 결심을 수십 번 했다. 건강하게 다이어트를 하려고 필라테스도 해보고, 다이어트 도시락도 시켜 먹어봤다. 그러나 나는 민수와 헤어진 공허함을 채울 길이 음식밖에 없었다. 음식 맛이라도 느껴야 잠시 잠깐 에고에서 오는 행복을 누렸다. 하지 말아야겠다고 몇백 번을 결심하고 며칠을 안 하다가 다시 먹토를 하고, 결심하고 며칠을 안 하다가 또다시 못 참고 먹토를 했다. 정말 내 자신이 꼴 보기 싫었다. 살은 53kg까지 빠졌지만 이런 식으로 다이어트를 하는 나 스스로 수치심이 밀려왔다. 아프리카에선 먹지 못해서 아이들이 죽어가는데 이게 무슨 미친 짓이란 말인가. 몸무게가 1kg이라도 늘어나면 나는 굶거나 먹토를 했다. 살이 다시 찔까 봐 두려웠다. 살이 찌면 절대 사랑받지 못할 테니까. 아빠는 다시 나에게 상처가 되는 말을 할 것이고, 주변 사람들도 나를 돼지같이 볼 테니까. 식탐을 주체하지 못하지만 살이 찔까 봐 두려워서 나는 결국 섭식장애까지 생긴 것이다.

제주도에 있을 때 수제 햄버거집에서 알바하면서 맘 좋으신 사장님은 매번 식사마다 진수성찬을 차려주셨다. 알다시피 햄버거 패티는 수제 햄버거든 인스턴트 햄버거든 돼지고기로 만든다. 나는 아침 점심 저녁 식사 중 두 끼를 모두 돼지고기로 먹었다. 먹기 싫어도 어쩔 수가 없었다. 차려주는 식사가 모두 돼지고기였다. 제주도에서 육지로 돌아온 나는 몸무게가 60을 찍었고 덤으로 이상지질혈증이라는 증상까지 얻었다.

인간이 가장 두려워하는 것은 살아 있는 것이다. 흔히들 죽음이라고 생각하기 쉬우나 사실은 그렇지 않다. 우리의 가장 큰 두려움은 위험을 무릅쓰고 살아 있어야 하는 것으로, 살아서 자신의 참모습을 표현하는 것이다. 자기 자신으로 존재하는 것이야말로 인간이 가장 두려워하는 것이다. 우리는 다른 사람들의 비위를 맞추기 위해 노력하면서 살아야 한다고도 배웠다. 그래야 '남들로부터 인정받지 못하는 건 아닐까, 자신이 누군가에게 좋은 사람이 아닌 건 아닐까' 하는 두려움에서 벗어날 수 있기 때문이다. 길들여지는 과정에서 우리는 바람직한 사람이 되려고 노력하기 위해 이상적인 이미지를 설정해 놓는다. 모든 사람으로부터 인정받기 위해 자신이 어떤 사람이어야 하는지에 대한 이상형을 만들어 놓은 것이다. 특히, 부모, 형제, 자매, 사제, 교사 등 우리를 사랑하는 사람들을 만족시키려고 애를 쓴다. 우리는 그들에게 좋은 사람이 되려고 몸부림치면서 완벽하게 이상적인 이미지를 설정하지만 안타깝게도 이에 부합하는 존재는 되지 못한다. 왜냐하면 우리가 설정한 이상형은 말 그대로 이상형일 뿐 실재하는 것이 아니기 때문이다. 따라서 우리는 죽어도 이 기준에 완벽하게 부합할 수 없을 것이다.

– 돈 미겔 루이스, 《네 가지 약속》(2012)[47] –

나의 무의식이 정화되면서 가장 표면적으로 변한 것이 섭식장애가 사라진 것이다. 히키코모리로 살던 2년 동안 나는 무엇인가를 하겠다는 결심을 하지 않았다. 이 생활을 시작할 때 세상의 모든 가치 기준을 버리고 내가 하고 싶은 것만 1년 동안 하면서 살자고 결심했었기 때문에 무의식의 정화니, 다이어트니 이런 것들은 생각조차 하지 않았다. 지나고 보니 모든 것은 그저 그렇게 되어 있었다. 집에 와서 8시간 동안 침대에 앉아 책만 읽으니 다리의 혈액순환이 제대로 되지 않았다. 그래서 밤 10시부터 공원에 가서 걷기 명상을 했다. 알바비로 받은 100만 원 남짓 돈으로 책과 생필품을 사는데 다 썼기 때문에 배달 음식도 잘 안 먹었고, 음식을 못하는 똥손이기 때문에 요리도 하지 않았다. 그러니 자연스럽게 저녁은 안 먹게 되었다. 공원에서 걷기 명상을 하고 집에 와서 샤워한 후 침대에 누우면 기분이 좋았다. 그러면 내 입에서 "사랑해, 사랑해, 사랑해"라는 말이 자동으로 나왔다. 내 안에 사랑이 가득 차니 공허감이 사라져 음식으로 에고적 욕망을 만족시키지 않아도 되었고, 그런 시간이 1년이 지나니 47kg까지 빠졌다.

추운 겨울날 공원 길이 빙판이 되어 걷기가 위험해 헬스장을 등록했다. 처음 등록할 때 인바디를 재는데 체지방과 근력을 보고 트레이너가 말한다. "와, 몸 관리 엄청 잘하셨네요." 물류 회사에서 육체노동 알바를 했더니 나도 모르게 체지방보다 근력이 늘어 있었고, 식당에서 영양사가 만든 식단대로 먹다 보니 이상지질혈증도 사라졌다. 가끔 친한 지인들을 만나서 고기를 폭식해도 나는 이제 더 이상 살이 찔까 봐 불안한 마음에 먹토를 하지 않았다. 먹고 싶으면 그냥 마음껏 먹고 좀 쪘다고 느끼면 다시 조금 먹고 공원을 5바퀴씩 더 돌면 된다. 이젠 몸무게 1~2kg 찌고 빠지는 것에 신경이 쓰이지도 않았고, 찐다 한들 관리할 자신도 생겼다.

나는 깨달았다. 지금까지 그 지난한 삶 동안에 내가 해야 할 일은 기실 단 하나뿐이었다는 것을. 그것은 바로 내가 결함이 있다는 그 어떤 느낌이나 판단 없이 그저 내가 되는 것이었다. 동시에 우리의 본질은, 그 핵심이 순수한 사랑으로 되어 있다는 것을 나는 알게 되었다. 우리는 순수한 사랑이다. 그러나 사랑이 되는 것과 본연의 자기 모습이 되는 것은 하나이며 같은 것이다.

– 아니타 무르자니, 《그리고 모든 것이 변했다》(2022)[48] –

물류센터에는 알바를 하려고 온 대학생들이 많았다. 공부하기도 힘들 텐데 주말마다 나와서 일하는 학생들이 기특했다. 어느 날 돈 벌어서 뭐에 쓰려고 하냐고 물으니 방학 때 식욕억제제를 사 먹고 다이어트를 할 것이라고 했다. 언니 키에는 45㎏가 아이돌 몸무게라고 하면서 같이 먹을 생각이 없는지 나에게 물었다. 그 학생, 전혀 뚱뚱하지 않았다. 팔다리도 길고 날씬해 보였다. 인터넷으로 키 160㎝ 여자 아이돌을 찾아봤더니 전부 45㎏ 미만이다. 요즘 학생들의 몸매 기준은 아이돌인가 보다. 그냥 이대로 살란다. 이 몸무게 유지하는 것도 나같이 게으른 인간에게는 기적 같은 일이다. 식욕억제제는 부작용도 많다고 하던데… 그렇게까지 살을 빼는 것이 자신을 사랑하는 일일까?

2년이라는 시간이 지나고 나는 처음으로 나를 사랑한다는 것에 대한 개념을 생각해봤다. 많은 책에서 자기 자신을 사랑하라고 말한다. 유명한 인문학 강사들도 그렇게 말했다. 과거의 나는 자신을 사랑하는 방법이 무엇인지 몰랐고 결심한다 한들 작심삼일로 끝났다. 그러나 이건 다르다. 진리, 깨달음, 이건 완전히 다른 개념이다. 무의식이 정화되면 영혼의 본질이 사랑이고 빛이고 신이라는 사실을 깨닫는다. 그러면 자신을 사랑하자고 수십 번 결심하지 않아도 자연스럽게 그렇게 행동하게 된다. 뼈를 깎는 고통으로 자신을 바꾸려고 하지 않아도 되고, 에고적 결심으로 수천 번 되뇌다가 절망의 늪에 빠지지도 않는다. 모든 것은 자연스럽게 되어야 할 것대로 되어 있다.

전생의 트라우마로 남았던 광장공포증을 치료했고, 나의 무의식에 쓰레기를 던지는 소시오패스들을 단호하게 차단했고, 직감이 상승해서 분별없는 사랑을 실천하지 않게 되었고, 부정적인 염체를 만들지 않기를 선택할 수 있게 되었고, 세상의 부정적인 가치에 가스라이팅 당하지 않고 내 안의 가치를 실현하기로 결심할 수 있었고, 섭식장애를 치료하고 건강하게 다이어트를 하게 되었다. 나는 이 모든 것들이 결국은 자신을 사랑하는 행동이었다는 것을 2년 지나서야 깨달았다.

철학, 심리학, 종교, 모든 인간이 만들어낸 지구상의 교리는 하나의 정상을 향해 가고 있다. '나 자신'이다. 심리학에서 말하는 내면 아이, 철학에서 말하는 개별화 과정, 종교에서 말하는 신을 알아가는 과정은 전부 인간의 자아를 탐구하는 과정이고, 그 탐구의 과정은 무의식을 정화하는 과정이고, 카르마를 끝내는 과정이고, 염체를 정화하는 과정이고, 결국 스스로를 구원하는 과정이다. 어느 길로 가든지 상관없다. 모로 가도 서울로만 가면 된다. 결국 그 과정은 자신을 사랑하고 인류를 사랑하고 신을 사랑하게 한다.

예수께서 말씀하시되 "찾는 사람들은 찾을 때까지 찾기를 멈추어서는 아니 되느니라. 그들이 찾을 때, 그들은 혼란스러워지노라. 그들이 혼란스러우면, 그들은 놀라게 될 것이니라. 그리고 모든 것을 지배하리라."

– 조성호, 《말씀으로 살아계신 예수 도마복음》(2020)[49] –

Part 4

또 다른 안나에게

1.

당신의 상처는
당신의 죄 때문이 아닙니다

안녕하세요. 안나입니다. 길고 길었던 저의 모든 과정을 읽어주셔서 감사합니다. 제가 인도령을 만나고 얻은 지혜와 명리학을 공부하면서 얻게 된 교훈 몇 가지를 꼭 말씀드리고 싶어 이렇게 마지막에 편지를 쓰게 되었어요. 제가 인도령에게 들었던 메시지와 가장 유사한 책은 《예수아 채널링》, 《초대》, 《람타》, 《지중해의 성자 다스칼로스》, 유튜브 써니즈의 〈도연 스님 인터뷰〉입니다. 특히 《지중해의 성자 다스칼로스》와 써니즈 님의 〈도연 스님 인터뷰〉는 제가 인도령에게 들었던 메시지와 유사한 정도가 아니라 거의 같았어요. 이 책과 인터뷰는 꼭 찾아서 보셨으면 좋겠어요. 말했듯이 저의 책은 영성책이라기보다는 저의 무의식의 정화와 삶에서 일어났던 일들을 이해하는 과정에 초점을 맞추다 보니 인도령의 메시지는 많이 적지 않았어요. 그리고 이 모든 과정에 절대적인 영향을 준 부모님에 대해서는 언급하지 않을 수가 없네요.

저는 전생이라는 개념을 알고 나서 제가 전생에 부모님께 정말 큰 죄를 지은 줄 알았어요. 제가 전생에 아빠를 가죽 채찍으로 무자비하게 때렸다거나, 엄마를 시기 질투하고 숨 막히게 했다거나 그렇게 생각했어요. 사람들이 그렇게 말하잖아요. "전생에 내가 무슨 죄를 지어서 이렇게 사냐." 이 책을 읽고 있는 여러분에게 저는 자신 있게 말할 수 있어요. 당신이 태어난 환경은 절대 당신의 죄 때문이 아닙니다. 당신이 그런 부모를 만난 것은 절대 당신이 전생에 부모님의 가해자로 살았기 때문이 아니에요. 여러분이 부모님이나 가족에게 상처받은 어린 시절이 있다면 그 이유는 성장을 위해 여러분이 설정한 거예요.

저는 현생의 창조 원인이 되었던 전생이 기억나고 나서 확인 과정을 위해 리딩자들을 만나고 최면도 받았습니다. 그리고 리딩자들을 만날 때마다 마지막에 매번 똑같은 질문을 던졌어요. "제가 혹시 부모님의 가해자로 살았던 삶이 있나요?" 제 기억에는 없었거든요. 모든 리딩자의 대답은 동일했어요. "아니에요. 안나 씨는 자신의 삶에 지속적으로 그런 영혼들을 끌어들였어요. 자신이 성장하려면 그런 영혼들을 극복해야 할 필요가 있다는 것을 알았으니까요. 그리고 그분들은 열등감과 피해 의식을 가지고 살았던 삶을 반복했고, 안나 씨는 그들보다 이미 상위 차원에 도달해 있기 때문에 안나 씨가 자식으로 태어나면 자신들이 부모로서 부족해도 이해해줄 수 있다고 생각했어요." 리딩자들의 말에 의하면 사람들이 생각하길 전생에서 자신이 타인에게 죄를 저질러서 그 죄를 자신이 다시 당하는 삶을 산다고 생각하는데 사실 그런 경우는 20%밖에 되지 않는다고 했어요. 그리고 인도령도 저에게 설명하길 영혼들이 자신들의 목표를 달성하지 못했다고 생각하면 반복적으로 같은 영혼을 끌어들여서 자신이 배워야 할 것을 끝까지 배우려고 한대요. 아무도 영혼에게 그것을 선택하도록 강요하지 않는다고 해요. 모든 삶의 선택은 영혼 스스로 하는 것이고, 목표치를 달성해야 그 영혼과 두 번 다시 만나지 않는 거래요.

모든 영혼은 자신이 전생에 만들어낸 가장 강력한 염체를 현생에서 해결하기 위해 삶을 계획합니다. 누군가는 자신의 재능을 반드시 세상에 내놓겠다는 계획을 하기도 하고, 누군가는 나에게 주어진 가족을 반드시 책임지겠다는 계획을 하기도 하고, 누군가는 돈지랄 한번 제대로 하겠다고 계획할 수도 있죠. 사람마다 전생에서 자신의 무의식에 어떤 염체들이 있는지에 따라 다르기 때문에 의도와 방식은 정말 다양해요.

저의 현생의 계획은 자살에 대한 정화와 삶의 개척이었습니다. 저는 많은 전생에서 '책임'이라는 강박관념이 정말 강한 영혼이었거든요. 자신의 삶을 책임지겠다는 강박관념이 아니라 가업을 책임져야 하고, 가족의 생계를 책임져야 하고, 동생을 책임져야 하는 책임 말이에요.

저는 동유럽의 섬에서 힐러로 살았던 전생이 있어요. 제가 속했던 가문은 대대로 힐러를 했는데 아빠가 일찍 돌아가셔서 할아빠를 이어 동생이나 제가 가업을 이어받아야 했어요. 동생은 몸이 허약해서 어쩔 수 없이 제가 그 일을 했죠. 그 당시 엄마도 지금의 엄마였고, 집안에 대한 프라이드가 강해서 저에게 강압적으로 그 일을 하게 했어요. 섬을 떠나서 나의 삶을 주체적으로 살고 싶었지만, 저는 장남으로서 집안의 생계를 책임져야 했고 아픈 동생에게 가업을 물려줄 수 없었기 때문에 어쩔 수 없이 그렇게 살았어요. 벗어나고 싶다, 삶을 개척하고 싶다는 염체가 무의식에 강하게 남아 있겠죠.

그다음 생에도 지금의 엄마가 엄마였어요. 그리고 저에게는 여동생(지금의 아빠)이 있었어요. 엄마는 아빠가 돌아가시고 재가하셨는데 저와 동생을 남기고 혼자만 살겠다고 가셨지요. 저는 먹고살기 위해 동생을 데리고 도시로 나갔어요. 도시로 나가는 도중 며칠 동안 동생을 잃어버렸는데 그동안 동생에게 아주 비참한 일들이 일어났어요. 그 트라우마로 동생은 자신감을 잃고 의존적인 성향이 강해졌어요. 저는 동생에게 생긴 비참한 일에 대한 죄책감과 책임감 때문에 그녀를 평생 돌봐주는 삶을 살았어요. 내 삶을 살고 싶었지만 그렇게 할 수 없었어요. 또 삶을 개척하고 싶다는 염체가 무의식에 강하게 남아 있겠죠.

기생이었던 전생에서도 일을 그만두고 싶었지만 기방 식구들을 먹여 살려야 하는 책임감 때문에 그만두지 못했어요. 그때 자살하지 말고 기방을 나와서 삶을 좀 개척해볼 걸, 왜 자살을 해서 500년을 날려 먹었는지 시간이 너무 아깝더라고요. 물론 러시아에서 자녀들에 대한 책임감으로 자살의 습을 이겨냈으니 나쁘다고 말할 순 없죠.

책임감이 좋다 나쁘다를 말하려는 게 아니에요. 다른 영혼은 책임감이 없어서 책임을 져야 하는 삶을 선택하기도 하지만 저는 그 책임감 때문에 제 삶을 스스로 개척하면서 살았던 적이 없었던 거예요. 그래서 이번 생에 자살을 극복하고 제 삶을 스스로 개척하기 위해서 아빠와 엄마의 영혼을 끌어들였어요. 부모님과 같은 영혼과 살면 내 영혼의 성향과 반대되는 그들 때문에 고통받으리라는 것을 알았을 것이고, 그 고통을 벗어나기 위해 많은 탐구를 할 것이라는 걸 알았을 것이고, 그 과정에서 많은 것을 깨닫고 삶을 개척하고 싶다는 염체가 튀어나올 거라는 걸 알았을 테니까요.

다시 말씀드리지만 여러분이 가정에서 받은 상처는 여러분이 그들에게 죄를 지었기 때문이 아니에요. 여러분의 무의식에 남겨진 강력한 염체를 해결하기 위해 했던 계획이 분명히 있을 것이고, 그 계획을 실현하기 위해 여러분 스스로가 끌어들인 영혼들일 뿐입니다. 여러분이 그 염체를 해결할 때까지 지속적으로 삶에 그런 영혼들을 끌어들이게 될 거예요.

전생을 리딩했던 분들 중 절에서 수행하시는 스님이 계셨는데 그분의 말씀이 너무 재미있었어요. 현생에 누군가를 미워하면 그 미워하는 사람이 다음 생에 반드시 네 가지 관계 중 하나로 태어난대요. 부모나 형제, 배우자나 자식으로. 그 이유가 미워하는 사람을 가까이 두는 것이 가장 고통스럽고 가장 빠르게 현생의 목표에 도달하는 방법이기 때문이래요. 저는 그 말을 듣고 정신이 번뜩 들었어요. 이번 생에 반드시 목표 달성을 해야지 안 그러면 부모님을 다음 생에 또 만날 수도 있다는 거잖아요. 죽지 말고 끝까지 열심히 해보자라는 생각이 단전부터 정수리까지 올라오더라고요. 주변에서 여러분을 고통받게 하는 사람 있어요? 빨리 현생의 목표를 찾아내세요. 안 그러면 다음 생에 또 만난대~~요.

> 부모와 자녀 혹은 형제, 자매, 친구, 부부, 이웃 등 세상에서 나와 인연을 갖게 된 모든 사람과는 단순한 인연이 아니다. 그들은 모두 나 스스로의 발원으로 아주 오묘하고 정교한 계획에 따라 이 세상에서 만나게 된 인연이다.
>
> – 다카하시 신지, 《우리가 이 세상에 살게 된 7가지 이유》(2000)[50] –

결국 제 부모님의 열등감과 분노는 전생에서부터 시작된 것이었어요. 그러니 저는 심리학으로 아무리 원인을 찾으려고 해도 부모님의 성향이 왜 그렇게 되어야만 했는지 알 수가 없었던 것이고요. 여러분이 저처럼 심리학이나 철학이나 종교로 자신의 삶을 이해하기 쉽지 않다면 사주 상담을 한 번 받아 보세요. 와… 교회를 15년 다녔던 제가 지금 사주를 보라고 말하고 있네요. 무의식, 카르마, 전생의 습, 운명, 염체는 모두 같은 말이라고 했잖아요. 기억하죠? 무의식을 알려면, 카르마를 알려면, 전생의 습을 알려면 자신이 어떤 염체를 만들어냈는지 알려면 결국 운명을 알아야 해요. 그리고 자신의 운명은 명리학이라는 학문으로 이미 나와 있어요. 그리고 있잖아요. 저는 이 과정까지 전부 사주에 나와 있더라고요. 20대 시절 엄마 때문에 힘들었다는 것까지, 10대 시절 성추행자들한테 당하는 것까지, 그리고 히키코모리로 살았던 것까지요.

저는 명리학을 2021년 12월부터 공부했어요. 사주의 연, 월, 일, 시는 초년, 청년, 중년, 말년 이렇게 4기둥의 흐름을 의미해요. 그런데 명리학을 공부하기도 전에, 2021년 8월 17일 꿨던 그 꿈의 4가지 장면이 저의 사주의 네 기둥의 흐름과 아주 정확하게 일치하더라고요. 차라리 젊은 시절에 사주를 먼저 봤다면 제가 이 과정을 좀 더 수월하게 갈 수 있지 않았을까 생각해요. 자신의 운명을 알면 자신의 무의식에 어떤 쓰레기를 정화하려고 삶을 계획했는지 알 수 있고, 빨리 그 쓰레기를 치워버릴 수 있는 긍정적인 염체를 만들어서 무의식을 정화하면 되잖아요. 그러니 운명을 바꾸려면 운명을 먼저 알아야 한다는 도연 스님의 말이 맞는 말이죠. 사실 도연 스님은 위에서도 스승님이에요. 〈영혼들의 운명〉이라는 책을 보면 영계는 학교로 되어 있다고 나와 있어요. 그리고 학교에는 선생님들도 계시고 교장선생님도 계시겠지요? 도연 스님은 위쪽 세계에서도 교장선생님 같은 역할을 하고 계신 분이에요. 물론 스님이 이 사실을 아는

지 모르는지는 모르겠어요.

제가 명리학을 공부하면서 깨달은 사실 중 한 가지는 신이 모든 것을 다 주지도 않지만 정말 최악으로 사주를 만들기도 한다는 거예요. 여기서 신은 바로 영혼 자신의 순수존재감입니다. 사람들은 흔히 생각하지요. 다음 생에 손예진으로 태어나고 싶다거나, 만수르 자식으로 태어나고 싶다거나. 순수존재감으로 돌아간 영혼은 거짓이 없어요. 인간의 무의식에 존재하던 쓰레기들이 완전하게 드러납니다. 돌돌 말린 양탄자를 활짝 전부 펼쳐 놓고 광명한 빛이 양탄자 구석구석을 비추면서 아주 작은 먼지까지 검사하는 것과 같아요. 그 정도로 영혼은 자신을 속일 수 없어요. 그런 영혼이 신의 입장에서 삶을 계획하면 정말 철저하게 우주의 법칙대로 계획하겠지요. 편하게 만수르 자식으로 태어나 한평생 갑질하면서 살자고 계획하겠어요? 만약 정말 최악의 사주라고 한다면 정화해야 할 쓰레기 같은 염체들이 많다는 것을 의미하는 것이겠죠. 사람들은 이것을 그렇게 풀이하죠. 전생의 죄가 아주 무겁다고. 그런데 무거우면 어쩔 거고, 가벼우면 어쩔 거예요. 이번 생은 이미 이렇게 태어난 거 끝까지 살아야 하잖아요. 그러니 운빨 좋은 사람은 그렇게 살든 말든 내버려 두고, 일단 우리 운명부터 깨닫고 긍정적인 염체를 만들어서 쓰레기부터 정화해야 되지 않겠어요?

카르마가 생기는 것은 근본적으로 영성이 결여되어 있기 때문이다.

– 지나 서미나라, 《윤회》(2020)[31] –

사실 저는 모든 전생을 기억하면 스스로 5천 살 정도 먹은 노인처럼 느껴질 것이라고 상상했거든요. 살아왔던 세월이 많으니 그만큼 삶의 열정이 없어져 염세적으로 되지 않을까 생각했는데 전혀 아니더라고요. 오히려 20대라고 느껴지고, 제 안에서 사랑과 활력이 넘쳐났어요. 40년 후에 죽는 것과 일 년 후에 죽는 것이 크게 다르다고 생각되지 않았고, 한 생이 끝이 아니라면 이번 생에 노력해서 목표를 이루지 못한다 하더라도 그 노력이 헛수고가 될 것 같지 않았거든요. 이이다 후미히코의 《트윈 소울》이라는 책에서 영혼이 육체를 벗으면 세 가지 질문을 받는다고 해요. 충분히 배우려고 노력했는가, 충분히 사랑하려고 노력했는가, 충분히 사명을 다하려고 노력했는가. 저는 '충분히 노력했는가'에만 초점을 맞추기로 했어요. 삶에서 무엇을 얻든 얻지 않든 다 떠나서 죽은 후 '충분히' 그리고 '노력했는가'에 대한 대답을 모두 '네'라고 한다면, 혹시 알아요? 윤회를 끝내게 될지도.

이 집(육체) 지은 이 찾아 수많은 생을 헤매었다.

그러나 나는 그를 찾을 수 없었나니 그저 고통스러운 탄생과 죽음만이 여기 끝없이 되풀이되었을 뿐.

그러나 이제 이 집 지은 이를 나는 찾았다.

다시는 이 집을 짓지 말라.

이 집의 서까래는 무너졌고 대들보는 갈라졌다.

내 마음은 지금 이 모든 환각에서 깨어나 니르바나, 저 새벽을 향하고 있다.

– 법구 《법구경》(2016)[61] –

2.

윤회의 목적은
영혼의 지혜입니다

그럼 여러분들 혹시 그런 생각 안 들어요? 우리가 부정적인 염체를 만드는 가장 큰 원인이 물질계에서 받는 고통 때문이잖아요. 그런데 왜 고통스러운 물질계로 영혼들이 윤회해야 하는 것일까? 그냥 위에서 편하게 살지. 먹고살려고 죽을 때까지 노동해야 하고, 관계에서 상처받아야 하고, 경쟁에서 치열하게 싸워야 하고, 질병이라도 생기면 육신의 고통까지 감당해야 하잖아요. 저는 전생을 알고 나서 그런 질문을 많이 해왔어요. 때로는 그런 생각도 들더라고요. 영지주의자들이 주장한대로 물질계는 애초에 생기지 말았어야 하는 게 아닌가 하고요. 왜 고통스러운 물질계를 만들어놓고 자꾸 태어나고 고통받고 그래야 하는지 정말 이해가 안 갔어요. 저는 이 대답을 2023년 1월 8일에 듣게 되었어요. 질문을 한지 거의 1년 만에 얻게 된 답이에요. 제가 들은 답을 일인칭 시점에서 그대로 설명할게요.

도박은 도박판에 가서 돈을 걸어야 가능하죠. 판돈이 만 원이라고 하고 10만 원 잃고 100만 원을 땄다고 생각해봐요. 그래도 이건 남는 장사잖아요. 그럼 다음에는 판돈이 더 큰 도박판에 가겠죠. 이제 10만 원 판에 가는 거예요. 100만 원 잃고 천만 원을 따게 될 수도 있죠. 그럼 그다음엔 판돈을 더 올리겠죠. 도박을 하면서 게임 룰을 어느 정도 파악했고, 어느 시점에서 어떻게 내 패를 보여야 하는지도 조금은 이해했고, 다른 사람 패를 파악하는 방법도 눈치껏 조금은 익혔고, 이제 더 큰 판에 자신을 던져놔도 이길 자신감이 생긴 거죠. 그럼 천만 원 잃고도 1억을 따는 판을 선택할 수 있잖아요. 여기서 돈이 에고의 입장에서는 부와 명예이고, 영혼의 입장에서는 지혜입니다. 에고가 물질계에서 부와 명예를 갈망하듯이, 영혼은 아주 강하게 지혜를 갈망해요. 이번 판에서 100만 원어치 지혜를 얻으면 다음 판에서 더 큰 지혜를 얻고 싶어 하기 때문에 큰 판에 자신을 던져 넣고 또 도박을 하죠.

도박에서 전 재산을 탕진하기도 하지요. 자살하는 영혼들과 같아요. 자신의 계획보다 돈을 못 따기도 하지요. 원했던 만큼 지혜를 얻지 못하는 영혼들과 같아요. 도박판에 호구 잡혀서 빚만 생기는 영혼들도 있지요. 세상에 휘둘려서 지혜는커녕 부정적인 염체만 잔뜩 만들고 오는 영혼들과 같아요. 생각보다 더 따기도 하지요. 운명을 넘어서 인류애를 실현하다가 오는 영혼들과 같아요. 주어진 운명이 존재하지만 그 운명의 허용 범위를 벗어나는 지혜를 얻는 영혼도 있고, 지혜는커녕 퇴보하기도 하죠.

인도령의 말에 따르면 윤회는 영혼들이 지혜를 얻기 위해 도박판에 들어가는 것과 비슷해요. 그 정도로 영혼들에겐 지혜가 가장 중요하지요. 윤회에 관한 많은 책에서도 말하죠. 영혼이 이 땅을 떠날 때 가져갈 수 있는 것은 오직 지혜뿐이라고. 그래서 의식 수준이 높은 사람들은 세속적 욕망보다 지혜에 대한 갈망이 더 크고요.

물질계의 도박판에서 우리가 이길 수 있는 가장 빠른 지름길은 책과 명상입니다. 특히 독서는 제가 영혼의 본질을 깨닫는 데 가장 큰 힘을 주었습니다. 모든 이분법적 세계관을 초월해서 책을 읽으세요. 신앙서적이든, 철학서적이든, 고전이든, 에세이든, 영성책이든, 채널링이든, 뭐든 판단 없이 지속적으로 읽다보면 자신만의 철학이 내면에 강력한 힘을 만들어내요. 그 강력한 힘이 바로 삶을 살아가면서 부정적인 가치에 가스라이팅 당하지 않을 수 있는 내공이 되고, 자신을 사랑하는 방법을 알려주는 지혜가 되고, 영혼의 빛을 밝히기 위해 자신이 지금 무엇을 해야 하는지 알려주는 나침반이 됩니다. 성경의 잠언에 그런 말이 있어요. '지혜가 길거리에서 부르며, 광장에서 소리를 높이며, 시끄러운 길목에서 소리를 지르며, 성문 어귀와 성중에서 그 소리를 발하여 이르되(잠언 1장 20~21절)' 인간은 찾고자 하면 모든 곳에서 지혜를 찾을 수 있어요. 요즘 정말 좋은 세상이에요. 북튜브 채널도 무료로 들을 수 있고, 지역마다 무료 도서관도 있고, 읽고 싶으면 언제든지 책을 읽을 수 있잖아요. 도박판에서 호구가 되지 않으려면, 세상의 부정적인 가치에 가스라이팅 당하지 않으려면, 영혼의 장님이 되어 광고판만 보면서 살지 않으려면 책을 읽어야 돼요.

인생학교에서 저학년에 머물러 있는 영혼들은 자기를 다스리는 능력이 상대적으로 부족하며 진정한 가치보다 사적 욕망을 우선시하는 경향이 있습니다. 욕망, 감정, 본능에 반사적으로 흔들리며 반응하는 사람은 불행한 상황에 빠져 헤어 나오지 못하고 허우적댈 가능성도 그만큼 높습니다.

– 맨리 P. 홀, 《환생, 카르마 그리고 죽음 이후의 삶》(2019)[52] –

도박판에서 호구가 되지 않고 다음 도박판의 판돈을 키우려면 지혜로 내공을 쌓아야 합니다. 결국 그 내공은 자신만의 철학과 진리를 만들고, 강한 고집이 되는 거예요. 고집 강한 걸 사람들이 단점처럼 말하는데 고집은 중요해요. 자신의 삶을 개척해 나가게 하는 힘이니까요. 도박판이 커질수록 판돈은 올라가고, 배울 수 있는 지혜가 많아지고, 그 지혜는 결국 인류에게 큰 빛이 되는 거죠. 독배를 원샷한 소크라테스도, 나무 토막 위에서 인생을 마감한 예수님도, 그 외 수많은 선지자도 영혼의 빛을 밝히기 위해 한 고집하시던 분들이잖아요. 역사 이래로 수많은 늑대가 양의 탈을 쓰고 양 무리에 들어가서 이간질하고, 못살게 굴고, 고통받게 하고, 좌절하게 했지요. 늑대들만 양의 탈을 쓰고 양 무리에 들어가서 싸우라는 법 있어요? 양 중에서도 돌아이 같은 양들은 늑대 탈 쓰고 늑대 무리에 들어가서 전쟁하는 거거든요. 큰 판에 들어가서 도박하는 영혼들은 바벨탑 꼭대기에서 전쟁하든 지하 20층에서 전쟁하든 고집이 세지 않으면 절대 영혼의 빛을 밝히지 못해요. 우리에게 자신들의 가치를 주입하려는 소시오패스들이 세상에 무지하게 많잖아요. 이런 놈들한테 가스라이팅 당하지 않으려면 우리는 고집이 세져야 해요.

그런데 여기서 고집이 만들어내는 논쟁은 좀 주의해야 해요. 강한 고집을 내공으로 만들어야 하는데, 사실 고집이 세다 보면 주변에서 우리에게 어떤 가치관을 주입하려고 할 때 한번 붙어보고 싶은 충동을 느낄 때가 있어요. 우리가 듣기에 말도 안 되는 이론인데 대의명분까지 만들어내서 우리의 머릿속에 주입하려고 하면 그 그지 같은 이론이 틀렸다는 것을 증명하고 싶은 충동이 십이지장부터 솟구쳐 오르잖아요. 그러나 논쟁은 의미가 없어요. 진리는 사람마다 다를 수밖에 없거든요. 그 사람의 의식 수준과 무의식이 정화된 상태, 차크라가 열린 정도, 그 사람의 환경, 전생, 타고난 기질, 부모, 지적 수준, 경험 등 한 영혼을 감싸고 있는 모든 것에 의해 그 사람의 진리가 결정돼요. 그리고 진리라고 믿는 것들 또한 인간의 영혼이 성장하면서 변화하게 되어 있어요. 고대의 철학자 프로타고라스는 모든 것이 진리라고 했고, 고르기아스는 세상에 진리가 없다고 했어요. 두 분이 하는 말은 모두 맞는 말이에요.

논쟁은 이분법적 사고를 만들어내고, 나는 옳고 너는 잘못되었다는 비판을 하게 만들어요. 우리가 어떤 것을 알고 있든 모르고 있든, 어떤 사람이 믿는 신념은 결국 자기 자신이고, 그 사람의 진리가 돼요. 논쟁은 부질없어요. 논쟁으로는 상대방을 절대 변화시킬 수 없어요. 그것은 상대방을 이기고 싶다는 에고적 욕망에서 나오는 행동이에요. 그리고 이기고 싶다는 에고적 욕망은 적대감을 만들어 내죠. 진짜 고수들은 사랑을 사용하지 말로 왈가왈부 하지 않아요. 종교나 지구의 매트릭스나 형이상학적 문제 모두 그들은 그들만의 프레임으로 세상을 보게 되어 있어요. 그러니 만약 누군가 논쟁을 작정하고 우리에게 자신의 진리를 펼치려고 한다면 그냥 한마디만 해주세요. The answer is 42(영화 〈은하수를 여행하는 히치하이커를 위한 안내서〉 중).

진리는 모든 것이고 또한 모든 것이 될 수 있다는 것을 이해할 때, 당신은 모든 것을 경험하는 데 있어 자신을 제한하지 않을 것이다. 그럼 당신은 모든 경험 속에 쉽게 참여하고, 그것으로부터 지혜를 얻게 될 것이다. 그러면 당신은 자유로울 것이다. 왜냐하면 당신은 언제 어떻게 그러한가, 왜 그러한가에 대한 개념이나 지적인 이해에 더 이상 구속받지 않게 되어, 진정으로 모든 것을 생각으로 정의할 수 있기 때문이다. 내가 당신에게 주는 진리는 존재 안에 엄청난 무한함을 줄 것이다. 왜냐하면 그것이 가지고 있는 훌륭한 가치와 개념은 다른 사람의 진리를 포용하고 모든 사람이 조화를 이루며 공존할 수 있도록 허용하기 때문이다. (중략) 당신에게서 종교적 교리와 신앙을 제거하기 시작하고 다른 사람의 진리가 되려는 노력을 중단할 때, 당신은 자신을 자유롭게 표현할 수 있으며 혼이 당신에게 하라고 하는 것을 경험할 것이다. 그래서 당신이 가지고 있지 않은 어떤 지식과 이해라도 성취할 수 있을 것이다. 그리하여 경험과 감정을 통해 자신의 속도에 맞게, 매 순간 신이 되어갈 것이다. 당신의 영원성은 어디에서 끝날까? 어디에서도 끝나지 않는다. 왜냐하면 당신은 영원으로 나아가기 때문이다. (중략) 당신이 대답해야할 사람은 누구인가? 어느 누구도 아닌 바로 당신이다. 무엇이 진리인가? 당신이 그렇게 되라고 명령하는 것, 그것이 진리이다. 또한 무엇을 믿든 그것이 진리이다. 당신이 바로 그것이 되기 때문이다. 이것을 알라. 당신은 오직 당신이 살아가는 모습에 의해 많은 사람들을 가르칠 것이다. 결코 진리를 추구하지 말라. 그저 존재하라. 존재함으로써, 당신은 무한한 우주와 하나가 된다.

– 제이지 나이트, 《람타》(2011)[53] –

3.

아스트랄계는
무의식을 보여줍니다

지금부터 꿈에 대해서 이야기할 텐데, 이 과정은 여러분이 꼭 해보셨으면 좋겠어요. 여러분은 밤에 꿈을 꾸죠? 어느 날은 해몽도 찾아보지만 사실 전부 다 정확하게 맞지는 않잖아요. 우리의 꿈이 해몽과 다른 경우가 많은 이유는 우리가 만들어낸 감정이 무의식의 특정 대상과 결합을 해서 아스트랄계로 구현되는 경우가 많기 때문이에요.

영성 서적에서는 영계를 4가지의 계로 나누어서 설명하니까 저도 그렇게 설명해 볼게요. 우주는 코잘계 – 멘탈계 – 아스트랄계 – 물질계 이렇게 4개로 나뉘어져 있어요. 코잘계는 인간의 운명을 창조하는 신의 영역, 멘탈계는 시나리오를 만드는 영역, 아스트랄계는 명상이나 꿈으로 보여지는 가상현실의 영역, 그리고 현실이 물질계입니다. 우리가 앞날에 대한 내용을 명상이나 꿈을 통해 볼 수 있는 것은 코잘계에서 내려온 정보가 멘탈계에서 시나리오를 만들고 아스트랄계로 영상화되는 장면이에요. 이 장면은 자신의 무의식에 저장된 대상과 결합하여 자신의 문화권에 맞는 방식으로 표현

됩니다.

예를 들면 저는 아빠가 돼지라는 말을 사용해서 저를 비난했던 기억이 무의식에 저장되었기 때문에 저에게 나쁜 일을 하려는 사람들이 돼지로 아스트랄계에 많이 나타나요. 코잘계에서 앞일에 부정적인 일이 일어날 것이라는 정보를 멘탈계에 내려보내면, 멘탈계에서 무의식에 부정적인 감정을 갖고 있는 돼지를 사용해 시나리오를 쓰게 됩니다. 그러면 아스트랄계에서 돼지가 부정적인 대상으로 영상화되는 것이죠. 돼지꿈을 검색해보면 로또 당첨이라고 나오지만 저에겐 아닌 거예요.

교회를 다니는 사람들이 예지몽에서 예수님의 제자를 보거나 천사를 보는 것도 그 사람의 무의식에 저장된 기독교 문화 때문이에요. 가장 중요한 것은 꿈 해몽의 해석이 아니라 꿈에서 느껴지는 '느낌'이에요. 그 '느낌'을 읽어내면 나의 무의식에 있는 대상이 어떤 감정과 결합해서 표면화되는지 빨리 알 수 있어요. 그러면 예지몽으로 보통 2~3일 정도의 앞날을 볼 수 있습니다.

이와는 반대로 우리가 만들어낸 감정이 무의식의 이미지와 결합해서 아스트랄계로 넘어가 꿈으로 만들어지는 경우도 있습니다. 사실 이 경우가 위의 경우보다 더 많아요. 우리의 무의식에 있는 전생이든 현생이든, 우리가 봤거나 경험했던 대상들이 무의식에 남아 있다면 그 이미지가 가진 감정이 지금 우리의 감정과 결합해서 꿈에 나타나요.

예를 들면 저는 안나로 살았던 전생에서 3살 때 어떤 질병의 치료 목적으로 거머리를 가슴에 올려놨던 적이 있어요. 그때 징그럽고 무서웠던 트라우마가 저의 무의식에 남아 있나 봐요. 제가 현생에 걱정거리에 집중하고 있으면 꿈속에서 거머리가 몸에 붙어서 떼어내려고 안간힘을 쓰는 거예요. 저의 걱정과 불안의 감정이 무의식에 있는 거머리에 대한 두려움과 결합해서 아스트랄계로 영상화되는 거예요. 현생에서는 거머리를 본 적도 없는데 말이지요.

저는 어린 시절에 외할머니 댁에서 자랐거든요. 그때 외할아빠가 강에서 장어를 잡아 오신 적이 있는데 그 장어가 너무 혐오스럽게 생겨서 울었던 기억이 있어요. 제가 특정인에게 적대감이나 분노의 감정을 만들어 내기 시작하면 꿈속에서 장어가 나타나 저를 쫓아다니면서 물더라고요. 저의 적대감과 분노의 감정이 무의식에 있는 장어에 대한 혐오스러움과 결합해서 아스트랄계로 영상화되는 거죠. 꿈 해몽을 찾아보면 장어에게 물리는 꿈은 횡재수라고 나오지만 저에게는 횡재가 아닌 거예요.

그래서 우리의 꿈이 해몽과 전혀 일치하지 않을 때가 많아요. 우리가 만들어낸 염체가 긍정적인 경우는 전혀 문제가 되지 않아요. 그러나 걱정, 불안, 두려움, 열등감, 시기, 질투, 미움, 분노, 판단, 구별, 비판, 이분법적 사고, 집착, 이런 것들을 반복하면 우리의 영혼은 그것을 빨리 알아차릴 수 있도록 표면화하기 위해 무의식에서 대상을 찾아내서 보여주는 거예요. 정신을 차리라는 거지요.

여러분이 무의식을 들여다보는 연습을 하고 싶다면 꿈을 매일 적는 연습을 하고 스스로 분석해보세요. 생각보다 빨리 알아내게 될 거예요.

그렇게 하다 보면 자각몽, 루시드 드림을 많이 꾸게 돼요. 영화 〈인셉션〉에서 나오는 장면들은 허구가 아니거든요. 저는 자각몽에서 별의별 짓을 다 해봤어요. 실제로 건물을 세우거나, 지구 밖으로 나가거나, 다른 차원으로 이동하거나, 블랙홀을 만들거나 하는 모든 것이 가능해요. 의식 수준이 올라가면 올라갈수록 더 뚜렷한 무언가를 창조하게 되더라고요.

자각몽을 자유자재로 할 수 있는 경지가 되면 우리가 살고 있는 이 세상이 꿈이라는 사실을 어느 순간 인식하게 될 때가 있어요. 그 순간 주변을 둘러보면 나는 존재하고 있고, 주변이 시나리오대로 돌아가는 것같이 느껴질 때가 있어요. 영화 〈매트릭스〉에서 네오가 죽었다가 살아나면서 자신이 매트릭스 안에 있다는 것을 인식하는 장면이 있잖아요. 그 장면에서 일어나는 현상과 비슷해요. 그러면 세상의 일에 관조하기가 더 쉬워져요. 꿈이라고 생각하면 화낼 것도 없고, 흥분할 것도 없고, 분낼 것도 없거든요. 꿈에서 깨면 그 꿈은 그냥 꿈이었듯이, 지금 이 순간도 깨고 나면 그저 꿈이겠구나 생각이 들면서 어떤 상황이나 감정에 집착하는 마음이 사라지게 되는 거예요. 말 그대로 관조하게 되는 거죠. 일어나는 일은 그저 일어나는 일이고, 나는 이 상황에서 존재하고 있는 거예요. 의식이 깨어 있음을 연습하는 데 자각몽이 도움을 주는 것은 사실이에요.

인생은 꿈으로, 죽음은 깨어남으로 볼 수 있을 것이다. 이때 기억해야 할 것은 개성과 개체는 꿈에 속한 것이지 깨어 있는 의식에 속한 것이 아니라는 사실이다. 개성과 개체를 깨어 있는 의식에 속한 것으로 보기 때문에 죽음이 개체에게 소멸로 나타나는 것이다. 그러므로 죽음은 완전히 새로운 상태, 우리에게 낯선 상태로의 전환이 아니라 인생으로 인해 잠시 떠나 있었던 원래 우리 자신으로 되돌아가는 것이라고 볼 수 있다.

– 쇼펜하우어, 《쇼펜하우어 인생론》(2012)[54] –

지금까지 제 설명을 잘 이해하셨다면 이제부터는 여러분에게 경계하라고 말하고 싶은 것이 하나 있어요. 자칭 선지자나 예언자라고 하는 사람들이 앞일에 대해서 많은 말을 하잖아요. 어떤 종교든 그런 사람들은 많아요. 이 사람들의 예지력이 가짜라는 말이 아니고요. 웬만하면 믿지 말라는 거예요. 실제로 코잘계에서 내려온 예지력도 존재해요. 영성이 높아지고 의식 수준이 높고 수행을 오래 하면 실제로 그런 일은 가능하거든요. 그런데 문제는 그 예지력이 장님이 코끼리 만지듯이 봤을 가능성을 배제할 수 없고, 자신이 본 미래의 장면에 에고적 의식으로 아스트랄계에 창조를 하기 시작하면 (자각몽처럼) 그때부터는 문제가 엄청 심각해진다는 거예요. 신선과 사이코패스는 종이 한 장 차이거든요. 저도 예지몽을 꿔봤고, 명상 중에 홀로그램 같은 것도 봤지만 그저 그런 게 있다고 넘겨야지 절대 그런 현상에 자신의 에고적 의식을 합하면 안 돼요.

예를 들면 이런 거예요. 누군가 코로나의 한 장면을 명상 중에 봤다고 해보세요. 그런데 그 장면이 병원에서 많은 사람이 죽어가는 장면이라고 한다면 아마 그 선지자는 그렇게 해석할 수도 있어요. 지구에 흑사병 같은 질병이 발생해서 인류의 1/3을 죽게 할 것이라고. 아니면 어떤 선지자가 명상 중 중국에서 시체들을 줄지어 화장하는 장면을 봤다고 해봐요. 그럼 또 그렇게 해석할 수도 있지요. 질병이 창궐해서 인류를 반이 줄어들 것이라고. 코로나로 인류의 반이 줄어들 것이라고 예언하고, 에고적 의지로 그 예언을 확신하기 시작하면 아스트랄계에 자신의 예언을 확신할 만한 염체들을 자신도 모르게 추가하게 되고, 코잘계에서 내려온 정보라고 생각하는 장면을 또 명상 중에 보게 돼요. 그럼 이 선지자는 자신의 에고적 의지로 만든 염체가 아스트랄계로 넘어가 창조된 장면을, 마치 코잘계에서 내려온 예언이라고 확신하게 되겠지요. 그러면 자신의 예언에 더욱 확신을 하게 되고 예언을 넘어서 사람들을 선동하게 될 수도 있어요.

다른 예를 들어볼게요. 우리나라가 북한과 아직 휴전 중이잖아요. 그리고 간혹 3.8선 부근에서 총격전도 발생하고요. 어느 선지자가 명상 중에 북한과 우리나라가 바다에서 총격전 하는 장면을 봤다고 해봐요. 그럼 그 선지자가 전쟁이 날 것이라고 예언할 수 있겠지요. 전쟁으로 한국이 위험하다고 예언하고 에고적 의지로 그 예언을 확신하기 시작하면, 아스트랄계에 자신의 예언을 확신할 염체들을 자신도 모르게 추가하게 되고, 코잘계에서 내려온 정보라고 생각하는 장면을 또 명상 중에 보게 돼요. 그럼 이 선지자는 자신의 에고적 의지로 만든 염체가 아스트랄계로 넘어가 창조된 장면을, 마치 코잘계에서 내려온 예언이라고 확신하게 되겠지요. 이 확신은 더 커다란 염체를 만들어 자신의 아스트랄계로 넘어가고 더 큰 전쟁의 장면을 보게 돼서 사람들을 선동하겠지요. 이 선지자가 거짓말을 하는 것이 아니라 코잘계에서 내려온 정보와 자신의 아스트랄계에서 스스로 창조한 장면을 구분하기가 정말 어렵다는 뜻이에요. 우리가 꿈에서 예지몽인지 아닌지 구분하기 힘든 것과 같이요. 저도 이 사이에서 정말 많은 시행착오를 경험했거든요.

선지자든 종교인이든 수행자든 누구든, 인간은 자신이 옳다고 확신하기 시작하면 그때부터 에고적인 욕망으로 자신의 아스트랄계에 자신이 만든 염체를 추가할 수 있어요. 마치 자각몽에서 우리가 모든 것을 창조하고 통제할 수 있듯이 말이에요. 인간의 생각이나 감정이 운명을 바꾸는데 자신의 아스트랄계에 홀로그램 하나 만드는 것은 일도 아니죠. 선지자들의 예언이 맞다 맞지 않다는 것을 말하려는 것이 아니고요, 선동당하지 마시라고요. 교통사고 날 것이라고 누군가 예언했다고 하면 자동차 운전을 조심해야지 두문불출 집에서 아무것도 안 하는 것은 선동당하는 거예요. 선지자가 전쟁 난다고 해서 전부 이민 가라고 한다면 선동당하는 거라고요. 이런 오류에 빠질 수 있다는 것을 인정하는 선지자는 자신이 틀릴 수도 있다는 것을 알기 때문에 절대 사람들을 선동하지 않습니다. 그리고 예언을 봤다고 한들 그것으로 사람들에게 공포감을 조성하지도 않아요. 세상에 이런 사람 없을 것 같지요? 아니에요. 이런 사람 엄청 많아요.

질병으로 인류가 반 이상 죽는다는 예언을 믿으면 집에서 한 발짝도 안 나올 거예요? 한국에 전쟁 난다는 예언을 믿으면 이민 갈 거예요? 지구 종말 온다고 하면 땅굴 파고 들어가거나 방주 하나 만들려고요? 어떤 종교도 갖지 않되 모든 종교를 인정하고, 어떤 신도 숭배하지 않되 모든 신을 존중하고, 누구도 스승 삼지 않되 모든 이를 통해 배우세요. 이분법적 세계관을 초월하고 의식의 진화를 이루세요. 멀리 보고 행동하세요. 빛의 일꾼은, 사도는, 군자는, 보살은, 나무가 아닌 숲을 보고, 숲이 아닌 산맥을 보고, 산맥이 아닌 지구를 보고, 지구가 아닌 우주 전체를 보고 나아가야 해요. 다른 사람은 2수 3수 앞을 보고 행동할 때 여러분은 7수 8수를 앞을 보고 행동하세요. 선지자 이야기하다가 왜 뜬금없이 멀리 보고 행동하려고 하냐고요. 당장 예언자들의 말을 믿고 선동당하지 말라는 뜻이에요. 선지자들이 하는 예언이 일어나든 일어나지 않든 중요하지 않아요. 일어날 일은 일어나고, 일어나지 않을 일은 일어나지 않아요. 언제 죽든 인간은 죽어요. 영혼의 본질을 깨닫는 방향으로 가다가 죽게 될 것인지, 아니면 부정적인 염체만 무의식에 남긴 채 죽게 될 것인지 그것을 먼저 살펴야 해요. 지금 당장 여러분의 영혼이 내면의 목소리에 따라 행동하고 있는지, 내면에 있는 우주의 법칙을 밝히는 쪽으로 행동하고 있는지, 자신의 순수존재감이 뜻하는 대로 가고 있는지 영혼에게는 그 문제가 더 중요하거든요.

웨스트 모어랜드 장군은 베트남 신년제 기간 동안 병사들에게 자신의 부고란을 쓰게 했죠. 베트남 전쟁에서 우린 다 죽을 것이라고 생각했거든요. 인생이 유한하다는 사실을 일단 받아들이고 나니 죽는 게 더 이상 두렵지 않았습니다. 무엇이든 끝이 있어요. 문제는 어떻게 끝을 맞느냐는 거죠. 두발로 서서 죽느냐, 아니면 무릎 꿇고 죽느냐. 전 이 교훈을 이 자리까지 가져왔습니다. 언젠가는 이 자리도 끝날 거라는 걸 염두에 두고 행동하죠. 장관님도 그렇게 해보세요.

– 영화 〈킹덤〉 중[55] –

4.

고통은 대운이
변하면서 지나갑니다

한국은 OECD 국가 중 자살률이 1위라고 하지요. 하루에 약 38명이 극단적인 선택을 하고 있어요. 인도령이 저에게 4개월 동안 보여주었던 사건 중에서도 자살에 관련된 것이 많았어요. 저는 32살에서 34살 사이에 가장 심한 자살 충동에 시달렸어요. 엄마를 만나고 집으로 돌아오면 일주일 동안 자살에 대해서만 생각했어요. 너무 숨이 막혔거든요. 엄마는 나에게 기대하는 바가 너무 컸고, 기대를 충족하지 못하는 것에 대한 불평과 비난과 가스라이팅, 그리고 본인의 삶에 대한 불평을 저에게 늘어놓는 일이 시간이 지나갈수록 더욱 심해졌어요. 저는 그 당시 우울한 감정 외에는 아무것도 보이지 않았습니다. 학생들 앞에서는, 직장 동료 앞에서는 아무렇지 않은 척 웃으면서 연기를 하고 다녔지만 집에 혼자 있으면 깊은 우울감에 나락으로 떨어지면서 자살만이 답이라고 생각했어요. 자살하면 지옥에 갈 거라는 기독교적 사고관 때문에 시도는 하지 못했어요. 찢어지는 가난에도 최선을 다한 부모님에게 효도해야 한다는 의무감과 죽을 것 같은 숨 막힘 사이에서,

'죽고 싶다'와 '이러면 안 돼, 정신 차려' 사이를 수도 없이 오갔어요.

　여러분의 삶이 얼마나 힘든지 제가 모든 사정을 다 알 수는 없겠지요. 그런데 정말 힘든 원인은 관계에서 와요. 상황이 아무리 힘들어도 자신을 믿어주는 한 사람만 있으면 사실 세상은 버틸 수 있거든요. 특히 가족이 힘들게 하면 정말 버티기 힘들 거예요. '장성규니버스'(유튜브)에서 폭력적인 부모님 때문에 힘들어하고 있는 학생이 자신의 상황을 설명하는데 제 마음이 너무 아팠어요. 직접 가서 해결할 수도 없고, 조언을 해주자니 너무 피상적으로 들릴 것 같고. 이렇게 해야 한다느니, 저렇게 해야 한다느니, 우리가 많은 말을 한들 자기 삶에서 실제적으로 부딪힐 때 상처받지 않게 해줄 수 있을까요? 이런 말을 해서 미안하지만 경제적으로 자립할 수 없는 상황에서 가족과 갈등 중이라면 상처를 피해 갈 방법은 없어요.

　저는 초등학교 2학년 때 가족 모두에게 배신감을 느낀 적이 있어요. 집에서 동전 200원이 없어졌어요. 저는 몸이 허약해서 학교가 끝나고 집에 오면 낮잠을 한두 시간씩 잤거든요. 그리고 자고 일어나면 퇴근한 엄마를 기분 좋게 해주고 싶어서 청소를 해놨어요. 그날 부모님이 집에 오시고 나서 텔레비전 위에 올려놨던 200원이 없어졌다고 화를 내셨지요. 아빠가 집에 누가 먼저 왔냐고 물으셨고, 저는 제가 집에 먼저 왔다고 했어요. 집에 제가 먼저 왔다는 이유로 엄마와 아빠는 저에게 누명을 씌웠어요. 아빠가 오빠에게 물었을 때 오빠는 가방만 놓고 나가서 놀았다고 대답했고, 저는 집에서 낮잠을 잤다고 했어요. 아빠는 저에게 계속 사실대로 말하라고 했고, 저는 계속 사실대로 가져가지 않았다고 했어요. 엄마는 저에게 그냥 빨리 가져갔다고 하라고 말했어요. 저는 그날 엄마의 눈빛을 아직도 기억해요. 엄마는 저를 한심하게 바라보고 있었어요. 저만 가져갔다고 하면 모든 상황이 끝나는데 무슨 고집이냐는 그 눈빛. 눈을 가늘게 뜨고 옆으로 흘기면서 저를 바라보았고, 빨리 가져갔다고 하라고 저에게 짜증을 내는 말투까지 전부 다기억이 나요. 오빠는 엄마의 뒤에 앉아서 멀뚱멀뚱 바라보고만 있었지요. 결국 아빠는 밖에 나가서 나뭇가지를 꺾어 오셨어요. 그때는 겨울이었는데 나뭇가지에 싹눈이 있었어요. 그 나뭇가지로 때리면서 솔직하게 말하라고 할 때마다 싹눈이 피부를 긁었고, 피가 맺혔어요. 저는 끝까지 가져가지 않았다고 말했고, 그날 부모님에게 독한 년이라는 말을 들었어요.

어린 제가 얼마나 상처를 받았던지 이 일이 기억에서 지워지지가 않더라고요. 그리고 중학교 1학년 때 사건의 전말을 알게 되었어요. 제가 독한 년이라는 말을 듣고 아빠에게 맞은 바로 그다음 날 오빠는 엄마에게 사실은 그 돈을 자신이 가져간 것이라고 말했고, 엄마는 그 사실을 아빠에게 말했어요. 그러나 그 당시 가족 중 그 누구도 저에게 미안하다고 말하지 않았지요. 모든 것들을 알게 된 이후 그때 왜 저에게 사과하지 않았냐고 물었더니, 아빠는 저에게 아무 말도 하지 않았고, 엄마는 이미 지나간 일을 가지고 사과하라고 하냐며 제 성격이 이상하다고 했어요. 엄마의 가스라이팅에 저는 제가 이상한 거라고 생각하고 중학교 이후로는 그 사건에 대해서 아무에게도 말하지 않았고, 기억 속에서 꺼내지 않으려고 노력했어요. 그러다 2021년에 영화 〈레드 노티스〉를 보다가 라이언 레이놀즈가 러시아 감옥에서 어린 시절 이야기를 하는 장면을 보고 그 일이 다시 떠올랐어요. 그 영화를 보고 나서야 제가 상처받은 게 정상이라는 것을 깨달았어요.

상처는 그런 것 같아요. 과거의 제 방은 검은색이었어요. 창문도 없고 햇

별도 들어오지 않았어요. 제가 빛이라는 것을 깨닫기 전에 그 방이 세상의 전부라고 생각했지요. 그런데 문을 열어 보니 거실이 있었어요. 거실에 부모님이 앉아 계셨는데 저에겐 신경도 쓰지 않았어요. 현관문 밖으로 나가고 싶은데 겁이 나서 못 나가고 바라보기만 했어요. 제방에 다시 들어갔는데 익숙하긴 했지만 너무 우울해서 결국 다시 나왔어요. 현관문을 열고 나왔는데, 하늘도 예쁘고, 구름도 예쁘고, 풀들도 나무들도 너무 아름다웠어요. 검은 방에 숨어 있을 때는 이런 세상이 있는지 몰랐죠. 바다도 가보고, 산도 가보고, 꽃밭도, 들판도 가봤어요. 세상은 생각보다 넓고 좋은 사람들도 많아요. 그러다가 시골집을 하나 발견했는데 앞마당에 텃밭과 꽃나무와 강아지가 있고, 제가 너무 좋아하는 아궁이도 있더라고요. 그래서 그곳에서 이제 저만의 방을 만들어 살기로 했어요. 제가 아름다운 모든 것을 보고 시골집에 저만의 방을 만들어서 산다고 해도 과거의 검은 방은 사라지지 않아요. 그 방은 그곳에 영원히 존재하겠지요. 하지만 이제 상관없어요. 세상이 넓다는 것을 알았고, 아름다운 것이 너무나 많다는 것을 깨달았거든요. 상처는 검은 방과 같은 거예요. 우리의 마음에서 영원히 사라지지 않겠지만 더 아름다운 세상을 보기 시작하면 이제 검은 방은 우주의 먼지처럼 아무것도 아닌 게 돼요.

　그 당시를 되돌아보면 저는 제안이 우울감에 너무 몰입한 나머지 다른 것은 보려고 하지 않았어요. 그 안에 있으면 어떤 기분인지 저는 잘 알아요. 자신만의 어두운 방이 세상의 전부가 되어 숨이 막혀 죽어버릴 것 같거든요. 여러분이 어떤 이유에서 죽고 싶은지 전부 알 수는 없지만 지나간 시간을 되돌아보면서 저는 자신 있게 한 가지는 말할 수 있습니다. 결국 모든 것은 지나가게 되어 있고, 그 안의 세상이 다가 아니라는 거예요. 자살했던 사람들의 사주를 풀면서 느낀 거지만 모든 고난은 끝이 있어요. 대운이 변하면서 고난도 고통도 결국은 다 지나가게 되는데 그 순간을 버티지 못하고 극단적인 선택을 하는 거예요.

나무든 사람이든 단 한 계절의 모습으로, 단 한 번의 만남으로 전체를 판단해서는 안 된다. 나무와 사람은 모든 계절을 겪은 후에야 결실을 맺을 수 있기 때문이다. 마찬가지로 가장 힘든 계절만으로 자신의 인생을 판단해서는 안 된다. 한 계절의 고통 때문에 나머지 계절들이 가져다줄 기쁨을 잃어서는 안 된다. 겨울만 겪어보고 무의미한 삶이라 포기하면 봄의 약속도 그 여름의 아름다움도 그리고 가을의 결실도 놓칠 것이다.

– 류시화, 《신이 쉼표를 넣은 곳에 마침표를 찍지 말라》(2019)[23] –

저는 이 순간까지 쉽게 도달한 것이 아니에요. 자살이라는 습을 정화하기 위해 오백 년을 쏟아부었고, 외롭게 혼자 살다 죽은 생도 있으며, 머리가 터져 죽었던 생도 있어요. 이번 생도 초반부터 쉽지 않았어요. 여러분이 자살이라는 염체를 무의식에 한 번 던져 넣으면 그 염체를 정화하기 위해 '살아야 해. 끝까지 버텨야 해'라는 생각을 수천 번도 더 해서 정화해야 해요. 그러려면 삶을 어떻게 계획해야 할지 짐작이 가시죠? 죽고 싶어도 절대 죽을 수 없는 삶을 계획하는 거라고요. 그러니까 다음 생에 선택할 수 있는 옵션이 점점 더 줄어들고 상황은 더 최악이 되겠지요.

제가 전생에 안나로 살았던 삶이 부러운 건 아니죠? 인터넷에 검색해보세요. 도스토옙스키는 쓰레기 같은 위인 6위에 있어요. 20대엔 창녀촌을 자기 집처럼 드나들었고, 유부녀랑 결혼했다가 소시오패스 의붓아들까지 만들어서 제가 이 의붓아들 때문에 스트레스 오지게 받았거든요. 제가 안나였을 때 책에는 남편을 정말 자상하고 위대한 사람으로 묘사해놨더라고요. 니체가 도스토옙스키에 대해서 평가하길 "내가 생각하기에 숭고하고, 병적이고, 어린아이 같은 순진함이 혼합되어 있는 감동적인 자극을 바로 느낄 수 있었던 사람이 도스토옙스키 같은 사람이다"라고 말하더군요. 그런데 여러분이 여자 입장에서 생각해보세요. 말이 좋아 러시아 대문호지 실제로 여러분이 간질에, 도박에, 빚에, 신경증까지 있는 남자랑 산다고 생각해보세요. 거기에 25살이나 많은 남자랑. 그것도 모자라 일찍 죽었고, 혼자 애 키우면서 37년을 살았죠. 행복했겠어요? 37년 동안? 상상이 가시죠? 열녀문도 세워주지 않는 러시아에서 37년이나 뭐 한다고 재혼도 안 하고 살았는지 이해가 안 되더라고요.

자살은 자신에 대한 배신이자, 인류에 대한 배신이자, 신에 대한 배신이고, 우주의 법칙을 역행하는 행위입니다. 그리고 무의식에 한 번 강하게 박힌 자살의 염체를 없애려면 여러분 다음 생에 더 진퇴양난의 삶을 살아야 해요. 죽고 싶어도 죽을 수 없는 삶. 말만 들어도 끔찍하네요. 죽고 싶어도 죽지 못하면 얼마나 고통스러울까요? 그러니까 끝까지 살아요. 윤미솔의 《초대》라는 책에서 이야기한 것처럼 영혼의 성숙에서 가장 퇴보의 길은 자살을 하는 거예요.

* 깨달음이 있을 때는 고난이 있을 때뿐이다. 고난의 순간이야말로 당신이 살아있다는 귀중한 증거이다. 날이 새기 전에 어둠이 있는 것처럼, 영혼이 빛나려면 어둠의 체험이 필요하다. 그럴 때 중요한 것은 자신의 책무에 충실하고 최선을 다하며 자기를 지켜주는 신의 힘에 전폭적인 신뢰를 두는 일이다.

– 실버 버치, 《영계로부터의 메시지》(1991)[56] –

5.

진정한 자기 사랑은
스스로 사랑이 되는 것입니다

제가 이 과정을 시작한 첫 번째 단계는 엄마의 부정적인 에너지를 차단했던 것이었어요. 기독교의 교리로 생각하면 말도 안 되는 일이에요. 너의 부모를 공경하라고 성경의 십계명에도 나와 있고, 부모를 존경하라, 부모에게 순종하라는 말은 성경에서도 수도 없이 나오잖아요. 그렇지만 저는 엄마를 마음에서 버리고 나서야 제대로 숨을 쉴 수 있었고, 더 이상 나의 무의식에 부정적인 쓰레기들을 주입하지 않을 수 있었어요. 이제까지 나에게 맞지 않는 옷을 입고 있었던 것 같았는데, 이제야 내가 나 같았어요. 이게 나구나. 나는 원래 사랑이고 빛이었는데 제가 잊고 살았던 거예요. 평안이 무엇인지, 자신으로 산다는 것이 무엇인지, 이제야 그 뜻을 알 수 있었어요. 엄마를 마음에서 버린 일에 대한 일말에 죄책감도 없었어요. 제가 어떻게 그런 선택을 할 수 있었는지조차 이해가 되지 않지만 이제야 엄마와 관련된 카르마가 끝이 난 것 같아요. 여러분. 자기 본질을 파괴하면서까지 지킬 관계는 세상에 단 하나도 없습니다. 친구도, 연인도, 부모도, 형제도, 마찬가지예요.

마음에서 버린다는 것이 부모와 자식 간의 관계를 완전히 끊어 버리고 사는 것을 의미하는 것이 아니에요. 그들이 나에게 주입하려는 가치관이나 부정적인 에너지를 받아들이기 거부한다는 것을 의미하는 거죠. 사실 그렇게 하다 보면 거리가 멀어지는 것은 불가피한 일이에요. 영화나 드라마에 나오는 친구 같은 부모 자식의 관계는 현생에서 없는 거죠. 그래서 부모를 마음에서 버린다는 것은 세상에 고아로 남겨지는 것과 비슷해요. 등 뒤에서 저를 지키고 있던 벽이 완전히 사라진다는 느낌이거든요. 그런데 여러분. 영혼의 본질이 빛이자 사랑이자 신이라는 것을 깨닫고 나면 '외롭다'는 인간적인 감정이 사라져요. 영혼의 지고한 자아를 발견하게 되면 진심으로 자신을 사랑하게 되거든요. 2021년 6월. 제가 빛이고 사랑이라는 것을 온 정신으로 깨달은 그 후부터 지금까지 저는 매일 아침 일어날 때마다 "사랑해"라고 말해요. 제가 저에게 하는 말이라고 생각하지만 가끔은 우주와 신과 불특정 다수와 모든 인류에게 보내는 것 같은 느낌이에요. 사람한테 의지하지도 않고, 자신을 사랑하는 법을 누군가 알려주지 않았는데도 자연스럽게 깨닫고 실행하게 돼요.

> 사랑을 찾아다니는 사람은 현재 사랑이 결핍됐다고 받아들이기에 그 결핍만을 세상에 나타낼 것입니다. 당신 자신이 이미 그것이라면 결코 구하려 들지 않습니다.
>
> – 네빌 고다드, 《리액트》(2020)[57] –

유튜브나 책에서는 나를 위한 수만 가지 방법을 알려줍니다. 멘탈갑이 되는 방법, 소시오패스를 극복하는 방법, 자기 관리를 하는 방법, 아침형 인간이 되는 방법, 부자가 되는 방법, 운 좋은 사람이 되는 방법, 소원을 이루는 방법, 자신을 사랑하는 방법, 집중을 잘하는 방법, 다이어트를 하는 방법, 직관을 개발하는 방법, 게으름과 무기력을 극복하는 방법, 상처받지 않는 방법, 어른이 되는 방법, 운명을 극복하는 방법 등등 수도 없는 방법이 쏟아져 나오지요. 자기개발서도, 다른 사람들이 진리에 대해 정의 내린 책들도, 종교도, 심리학 서적도, 세상에 이래라저래라 수많은 방법론이 넘쳐났지만 정작 그것들을 끝까지 실행해서 자신만의 진리를 발견하는 사람이 몇이나 될까요? 그 책들은 모두 그들의 진리이지 나의 진리는 아니잖아요. 내가 나의 진리를 찾아가는 과정에 지혜를 얻게 해주는 방향키 같은 역할은 할 수 있어도 그것이 온전하게 자신의 철학이 되고, 자신의 진리가 되지는 않아요.

특히 '자신을 사랑하라'라고 하는 책은 아주 많죠. 인문학 강사부터 관련 책까지 자신을 사랑하라는 말은 귀에 못이 박히게 들었어요. 저도 "그래, 내가 나를 사랑해야지"라고 많이 다짐해봤는데 정작 자신을 어떻게 사랑해야 하는지 알지도 못했고, 에고적 욕망으로 그렇게 수십 번 되뇌는 것은 성과가 별로 없었어요. 그러나 무의식이 정화되기 시작하면 '나를 사랑해야지'가 아니라 영혼 스스로 사랑이 돼요. 저는 이 부분에 대해서 확신 있게 말할 수 있어요. 무의식이 정화되면 영혼의 본질이 사랑이라는 것을 깨닫는 것은 고속도로에 진입할 때 하이패스를 통과해야 하는 과정처럼 한 세트로 진행되거든요. 그리고 이 단계까지 오게 되면 더 이상 예전의 나는 내가 아니에요. 이 세계는 한번 발을 들이면 절대 이전으로는 돌아가지 않아요. 자기 자신을 사랑하는 방법을 자연스럽게 깨닫고 그렇게 행동하게 돼요.

　누군가에게는 자신을 사랑하는 행동이 사람들과 멀어져 은둔자가 되는 과정일 수도 있고, 누군가에게는 자신을 사랑하는 행동이 주변 사람들과 더 친밀하게 지내는 과정일 수도 있죠. 누군가에게는 자신을 사랑하는 행동이 대학교에 들어가서 필요한 지식을 배워야 하는 과정일 수도 있고, 누군가에게는 자신을 사랑하는 행동이 대학교를 그만두고 사업을 시작하는 과정이 될 수도 있죠. 누군가에게는 자신을 사랑하는 행동이 사회생활 속으로 뛰어들어서 온몸으로 부딪치고 깨지면서 배워야 하는 과정일 수도 있고, 누군가에겐 자신을 사랑하는 행동이 도서관에 처박혀서 책만 파야 하는 과정일 수도 있죠. 누군가에게는 자신을 사랑하는 행동이 타인의 구루가 되어 제자를 양성해야 하는 과정일 수도 있고, 누군가에게는 자신을 사랑하는 행동이 제자가 되어 스승들의 가르침을 배워야 하는 과정이 될 수도 있죠. 누군가에게는 자신을 사랑하는 행동이 잘 먹고 잘 자면서 쉬는 생활을 하는 과정일 수도 있고, 누군가에게는 자신을 사랑하는 행동이 적게 먹고 운동을 열심히 해야 하는 과정일 수도 있죠.

　나를 사랑하는 지혜는 타인을 사랑하는 지혜와 같습니다. 자신을 사랑하는 행동은 모든 상황과 시기와 그 사람의 기질에 따라서 달라요. 보편일률적으로 똑같이 적용할 수 있는 방법서가 아닙니다. 나를 사랑한다는 것은 지금 나의 상황과 지금 나의 시기와 지금 나의 기질에 맞는 가장 적절한 방법을 '아는 것'과 '실행하는 힘'이에요. 자신을 사랑하는 방법을 아는 지혜와 실행하는 내공은 바로 여러분의 본질에서 나옵니다.

영혼의 본질은 빛이자, 사랑이자, 신입니다.

깨달음의 길에 있어 사랑은 절대적 필요요소이다. 만일 우리가 완전한 깨달음을 얻기를 기대한다면, 우리는 사랑이 완전해질 때까지 사랑을 증폭시켜야 한다.

− 레스터 레븐슨, 헤일 도스킨, 《세도나 마음혁명》(2016)[58] −

사랑이 뭐냐고요? 사랑이 뭐라고 생각하냐고요? 제가 사랑이에요. 그리고 여러분이 사랑이에요. 모든 영혼의 본질은 빛이자, 사랑이자, 신이에요. 이것을 알게 되면 모든 것은 상황과 시기와 기질에 맞게 그냥 자연스럽게 행동으로 나오는 거예요. 무의식이 정화되면 영혼의 본질이 드러나고 결국 나를 사랑하게 되고, 인류를 사랑하게 되고, 신을 사랑하게 되는 것입니다. 모든 것은 연결되어 있고, 모든 것은 하나로부터 나옵니다. 바로 여러분의 영혼, 사랑 그 자체죠. 그러니 여러분의 무의식을 빛으로 밝히세요. 빛 명상을 하든, "사랑합니다. 감사합니다."를 하루에 수천 번 말하든, 책 《해빙》에서 나온 방법을 실천하든, 감사 일기를 쓰든, 아침마다 "사랑해"라고 백 번씩 말하든, 책 《당신의 소원을 이루십시오》에서 나온 특정 단어를 매일매일 반복해서 밤마다 묵상하든, 책 《사랑 사용법》에서 말한 사랑 주문을 반복하든, 뭘 하든 이런 염체는 전부 빛이에요. 그러니 자신에게 가장 맞는 방법으로 무의식을 빛으로 비추고, 쓰레기를 버리고, 스스로 사랑이 되세요.

그의 마음은 빛으로 가득 차 있다.
그는 이미 집착의 집을 나와 버렸다.

집착의 굴레를 벗어나서 무지의 어둠을 벗어나서 그는 저 찬란히 빛나고 있다.

이제 이 덧없는 시간의 물결 속에서 그는 니르바나, 저 영원을 감지하고 있다.

– 법구, 《법구경》(2016)[59] –

6.

당신의 길은 오직
당신만이 알고 있습니다

어느 날 손톱을 자르다가 손을 자세히 들여다봤어요. 과외를 하던 때는 손톱 관리를 한 달에 한 번씩 했는데 지금은 관리는커녕 일을 하고 집에 오면 손톱에 검은 때가 끼어 있더라고요. 거울을 자세히 들여다봤어요. 백만 원이 넘는 레이저를 몇 달마다 한 번씩 받았고 화장품은 SK2를 썼는데 지금은 레이저는커녕 화장대 위에 만 원짜리 로션 하나만 있더라고요. 옷장을 열어서 옷들을 봤어요. 그 많던 정장과 코트가 어디 갔나. 아 맞다. 중고나라에 팔고 기부해서 다 사라졌더라고요.

여러분이 궁금해할 수도 있어요. 어떻게 2년 만에 이전의 나는 내가 아니라고 자신 있게 말할 수 있는지. 그렇게 돈을 많이 벌 때는 겉만 화려했지 속빈 강정인 듯, 빛 좋은 개살구인 듯 마음 안에 무거운 쇳덩이가 있는 것처럼 느껴졌는데, 지금은 옷장에 예쁜 옷이 없어도 비싼 레이저를 못 받아도 손톱에 때가 끼어도 마음이 가볍고 평안하거든요. 삶의 바닥에서 자유를 얻다니. 저는 삶의 꼭대기에서 얻게 될 줄 알았는데 말이에요.

지금까지 오십 년을 돌아보고 그 부침을 그림으로 그려보십시오. 당신은 밑바닥이라고 생각했는데 중요한 전환점이 되지 않았습니까? '점'으로 파악하면 최악의 일이 '선'으로 보면 V자 반등의 시점이 아니었습니까? 세상만사 계속 우상향인 그래프는 존재하지 않습니다. 오르기도 하고 정체하기도 합니다. 계속 오르기만 한다면 고마움도 모릅니다.

– 사토 덴, 《50부터 운을 내편으로 만드는 좋은 습관》(2020)[60] –

저는 히키코모리로 사는 동안 거의 사람들과 왕래하지 않았어요. 주변에서 정말 많이 물어봤어요. 도대체 집에 처박혀서 뭘 하는 거냐고. 친구도 안 만나고, 알바하는 사람들과도 어울리지 않고, 사람에 대한 관심도, 세상에 대한 관심도 전부 다 끄고 오로지 오전 알바, 그리고 독서와 명상을 했거든요. 완전하게 은둔자가 되어서 세상의 에너지를 차단하고 살았기 때문에 가능했던 일이었어요. 하지만 이 방법은 여러분의 정답이 아니에요. 저에게는 정답이지만 여러분에게는 정답이 아닐 수 있습니다.

책을 읽다보면 꼭 끝에 그런 말을 붙이는 글이 있어요. "~해야 한다" 당위적 표현. 당위적 표현은 그 사람한테나 당위예요. 다시 한번 말하지만 세상에 천편일률적으로 똑같이 적용되는 법칙은 단 하나도 없어요. 당위가 영혼을 변하게 했다면 기독교의 율법이, 세상이 만든 법률이, 인도의 카스트 제도가, 불교의 계율이, 영혼을 구원에 이르게 했겠지요. 영혼의 본질은 각자가 자신만의 방법으로 찾아야 해요. 아인슈타인의 상대성 이론처럼, 파스칼의 삼각형 규칙처럼 한 사람이 발견해서 모든 사람이 같이 사용하는 게 아니라 자신만의 방법으로 자신이 찾는 거예요.

여러분은 각자의 직장이 있고, 의무적으로 만나야 하는 나름의 관계가 있고, 챙겨야 하는 가족이 있고, 해결해야 할 갖가지 일이 삶에 있잖아요. 그러니 각자 모두가 다른 과정을 겪게 될 거예요. 그렇지만 저는 여러분에게 한 가지는 자신 있게 말할 수 있어요. 모든 영혼에게는 수호천사가 아닌 자신을 내면으로 이끌어주는 인도령이 있습니다. 정말이에요. 인도령이 없는 사람은 단 한 명도 없어요. 자신의 의식 수준에 따라, 자신이 영혼의 빛을 밝히기 위해 선택한 일이 무엇이냐에 따라 인도령의 수준과 성향이 달라지긴 하지만 없는 사람은 없습니다. 다른 영성책에서는 대사라고 하기도 하고, 영어로 마스터라고 하기도 하는데요. 위쪽 세계로 가면, 다 그분이 그분이에요. 똑같은 분이 나타나도 천주교에서는 성자, 불교에서는 보살, 도교에서는 신선, 기독교에서는 예수님의 제자, 뉴에이지로 가면 마스터라고 하거나 종교가 없는 사람은 저같이 인도령이라고 하는 사람들도 있겠지요. 그런데 지구에서는 종교로 전쟁을 하고 네가 옳다 내가 옳다 하고 있으니 위에서 보면 참 한심하고 속 터질 거예요.

제가 전생 최면을 받았을 당시 최면 선생님이 마지막에 우리가 언제까지 계속 태어나야 하냐고 물었습니다. 그때 인도령이 "육체를 벗고 진화할 때까지"라고 아주 단호하게 말하더라고요. 여러분. 우리가 물질계에 태어나는 가장 최종적인 목적은 의식의 진화를 이루어 육체를 벗고 진화의 다음 단계로 들어가기 위함입니다. 그리고 물질계에서 의식의 진화를 이루려면 영혼의 본질을 깨달아야 하고, 영혼의 본질을 깨닫기 위해 내면으로 들어가야 하는데, 그 내면으로 들어가는 문, 인도령의 역할은 여러분들을 문 앞까지 인도하는 거예요. "대도무문 천차유로 투득차관 건곤독보 – 큰길엔 문이 없다. 천 갈래의 길이 있다. 그 문을 통과하면 천지를 홀로 걸을 수 있다." 그 문 앞까지 인도하는 역할을 하는 분이 바로 인도령입니다. 이분은 사실 말이 별로 없어요. 4개월 동안 저를 끌고 다니면서 '보여 주기'는 많이 했지 말을 많이 하진 않았어요. 로또 번호라도 알려달라고 했는데, 역시나 이분은 필요 없는 말은 안 하시더라고요. 아니면 대꾸할 가치가 없었거나.

고차원 영의 가장 중요한 특징은 어떤 것도 인간에게 명령하지 않는다는 것입니다. 인간의 자아를 차지하고 들어오지 않을뿐더러, 우리를 비난하거나 비판하는 일은 절대 하지 않아요. 우리가 내면으로 들어가도록, 에너지를 고차원으로 유지하도록 도와주시는 분들이 인도령입니다. 그분들은 인생 전부를 감 놔라 대추 놔라 하지도 않고, 인간 영혼의 자유의지는 절대 침범하지 않습니다. 도박판에서 여러분이 맘대로 '고'를 외치든 '다이'를 외치든 그분은 강제적으로 참견하지 않아요.

제 영혼이 가야 할 길을 완전하게 이해하게 되었을 때부터 이분은 이전만큼 제 삶에 관여하지도 않고 직접 어떤 것을 설명하거나 보여주는 방식은 확연히 더 줄어들었습니다. 문 앞까지 끌어다 줬으니 문턱 넘는 것은 너 혼자 하라 이겁니다. 저는 완전 반대일 거라고 생각했거든요. 이제 일일이 다 물어보고 평탄하게 살 수 있겠구나 했는데, 완전 착각이었습니다. 목표 지점만 알게 된 것이지, 짐짝 짊어지고 가는 일은 제가 할 일이더라고요.

저는 영능력자도 아니고, 투시가도 아니고, 무당도, 영매도 아닙니다. 예쁘지도 않고, 머리가 좋지도 않으며, 사회에서 출세한 인간도 아닙니다. 전생을 기억해도, 현생의 계획을 알아도, 영혼의 본질을 깨달아도, 저는 아직 삶에 대한 모든 것을 이해하지 못했습니다. 사람들이 살아가는 모습을 보면서 지금도 지속적으로 생각해요. 삶은 대체 뭘까. 식당 아주머니들의 웃음소리를 들을 때도, 냉동 창고에서 일하는 아저씨들이 길거리에서 담배를 피우는 모습을 볼 때도, 내일 보자고 인사했던 과장님이 아침에 사망했다는 말을 들을 때도, 역전에 있는 노숙자들이 술 마시고 소리 지르며 싸우는 모습을 볼 때도, 저는 아직 모르겠더라고요. 이 복잡 미묘하고, 섬세한, 때로는 어처구니없이 허술하다고 느껴지기도 하고, 때로는 잔인하다고 느껴지는, 사는 것은 대체 뭘까. 정답이 과연 존재하긴 하는지 저도 모르겠습니다.

고린도 전서 13장에 보면 많은 사람이 알고 있는 성경 구절이 나옵니다. 사랑은 오래 참고, 사랑은 온유하며 어쩌고저쩌고. 그리고 9장부터 이런 말씀이 나옵니다. '우리가 부분적으로 알고 부분적으로 예언하니, 온전한 것이 올 때에는 부분적으로 하던 것이 폐하리라. 내가 어렸을 때에는 말하는 것이 어린아이와 같고 깨닫는 것이 어린아이와 같고 생각하는 것이 어린아이와 같다가 장성한 사람이 되어서는 어린아이의 일을 버렸노라. 우리가 이제는 거울로 보는 것같이 희미하나 그때에는 얼굴과 얼굴을 대하여 볼 것이요. 이제는 내가 부분적으로 아나 그때에는 주께서 나를 아신 것같이 내가 온전히 알리라. 그런즉 믿음, 소망, 사랑 이 세 가지는 항상 있을 것인데 그중에 제일은 사랑이라.'

온전한 것, 장성한 사람, 얼굴과 얼굴을 마주해 볼 것, 온전한 앎, 사랑. 영혼 내면의 가장 근원적인 빛이자 사랑이자 신. 그 빛을 100% 빛나게 하는 것이 저와 여러분이 최종적으로 가야 할 윤회라는 등산의 꼭대기입니다. 그리고 저는 그 빛을 100% 비추는, 채널링이나 영성 서적의 저자들과 같이 완전한 해탈의 경지에 있는 인간이 아닙니다. 저의 무의식은 아직도 정화가 진행 중이고, 아직도 많은 질문을 하며 답을 알아가는 중이죠.

제가 인도령에게 정말 많은 질문을 하는데 모든 질문에 바로 답을 주진 않아요. 성경에 '때와 기한은 아빠께서 자기의 권한에 두셨으니 너희의 알 바가 아니요(사도행전 1장 7절)' 말씀에서 아빠의 권한은 영혼이 그 정도의 의식 수준에 도달했을 때입니다. 제가 했던 많은 질문 중 바로 모든 답을 얻을 수 있었던 경우는 거의 없었어요. 어떤 질문은 며칠, 몇 개월, 몇 년이 걸렸죠. 인간이 이해할 수 없는 의식 수준일 때는 답을 알아도 답인지 모르고, 이해하지도 못해요. 명사와 동사를 공부하는 학생에게 분사를 설명하면 이해하지 못하듯이, 미적분을 공부하는 학생에게 초끈 이론을 설명하면 이해하지 못하듯이, 제가 기독교적 사고관에 갇혀 있을 때 아무리 질문해도 답을 알 수 없듯이 말이죠. 영혼은 결국 죽는 순간까지 의식 수준이 향상하면서 수많은 질문을 하고 수많은 답을 얻는 과정 안에 있는 거죠.

> 정보가 올 때는 가장 필요한 순간에 오도록 되어 있습니다. 다음 순간에 정보가 올 수도 있지만, 정확히 필요한 순간에 답이 찾아옵니다. 모든 타이밍은 완벽합니다. 이 우주에서 일어나는 모든 일은 필요한 때에 정확히 일어납니다.
>
> – 다릴 앙카, 《가슴 뛰는 삶을 살아라》(1999)[61] –

무의식을 정화하는 것은 카르마를 정화하는 것이고, 카르마를 정화하는 것은 전생의 습을 정화하는 것이고, 전생의 습을 정화하는 것은 긍정적인 염체를 만드는 것이고, 긍정적인 염체를 만드는 것은 자신의 운명을 바꾸는 것입니다. 어떤 과정을 경험하든, 어떤 직업을 갖고 있든, 중요하지 않아요. 여러분의 물질계에서 사명은, 여러분의 경험과 여러분의 직업을 통해 영혼의 본질을 깨닫고 자신의 빛을 밝히는 것입니다.

영혼의 본질이 빛이자 사랑이자 신이라는 것을 깨닫게 되면 자기 사랑과 자기 신뢰는 자연스럽게 가능해집니다. 자기 신뢰라는 것은 세상에서 성 공할 것이라는 확신을 의미하는 것이 아닙니다. 인류에 빛을 전하기 위해 내가 선택한 목표를 포기하지 않을 자신감. 인류에 사랑을 전하기 위해 내가 가려는 길에서 세상의 부정적인 가치에 가스라이팅 당하지 않고 밀고 나 갈 자신감. 인류를 위한 창조를 위해 내가 만들 작품에 최선을 다할 자신감 을 의미하는 것이죠.

여러분을 사랑해줄 사람을 찾지 마시고 스스로 사랑이 되어 그 사랑을 세상에 전하세요. 여러분을 밝혀줄 빛을 찾지 마시고 스스로 빛이 되어 그 빛으로 세상을 밝히세요. 여러분을 인도해줄 신을 찾지 마시고 스스로 신이 되어 세상에 자신만의 작품을 창조하세요.

> 한 사람의 깨달음은 집단에 영향을 주고, 그 집단은 국가에 영향을 주고, 그 국가는 전 세계에 영향을 미친다.
>
> – 베어드 T. 스폴딩, 《초인들의 삶을 찾아서 2》(2008)[62] –

육체를 벗고 여러분을 만나게 된다면 제가 여러분에게 존댓말을 해야 할 수도 있어요. 자본주의 사회에서 돈 많은 사람이 갑이듯이, 위쪽 세계에서는 지혜가 많은 영혼이 갑이거든요. 현생의 도박판에서 계획한 판돈 이상을 얻고 지혜로 최고 레벨을 찍으시길, 영혼의 빛을 밝혀 인류애를 실현하시길, 그래서 이후에 위쪽 세계에서 만나면 여러분이 모두 저보다 갑이 되길 진심으로 바랍니다.

여러분은 빛이자, 사랑이자, 신입니다.

감사합니다. 사랑합니다.

감사한 분들에게

저의 무의식을 정화하는 데 가장 큰 도움을 준 분들은 북튜브 분들입니다. 저는 알바하는 동안, 걷기 명상을 하는 동안 하루에 6시간 이상 북튜브를 듣고 지냈습니다. 좋은 목소리로 읽어 주시는 책들을 들으며 의식 수준이 높은 책은 실제로 진동수를 상승시키고 영혼의 본질을 깨닫는 것에 도움을 준다는 사실을 알게 되었습니다. 하늘 나는 고래, 책 읽는 주먹쥐고일어서, 공명: 힐링보이스 영혼의 소리, 책도리 TV, 북 메디book meditation, 세정TV 마음공부, 이작가의 소울북, 책 읽기 좋은 날, 문학의 전당, 지혜별숲, 무지개책방, 써니즈: 함께 성장, 책사랑방 Bookreader, 책과 함께, 낭독산책, 써니제이 등 북튜버 분 이외에도 물고기연구소, 무의식연구소 유튜버 분들에게 진심으로 감사를 드립니다.

참고 문헌

1   비벌리 엔젤, 《좋은 부모의 시작은 자기 치유다》(조수진 옮김, 책으로 여는 세상, 2009)

2   대릴 샤프, 《생의 절반에서 융을 만나다》(류가미 옮김, 북북서, 2009)

3   최광현, 《가족의 두 얼굴》(부.키, 2021)

4   파멜라 크리베, 《예수나 채널링》(이균형 옮김, 정신세계사, 2016)

5   비벌리 엔젤, 《자존감 없는 사랑에 대하여》(김희정 옮김, 생각속의 집, 2020)

6   영화 <굿 윌 헌팅> (구스 반 산트 감독, 1998)

7   이서윤·홍주연, 《더 해빙》(수오서재, 2020)

8   파라마한사 요가난다, 《요가난다, 영혼의 자서전》(김정우 옮김, 뜨란, 2014)

9   웬드 디 로사, 《가슴으로 치유하기》(송지은 옮김, 정신세계사, 2020)

10   닐 도날드 월쉬, 《신과 나눈 이야기》(조경숙 옮김, 아름드리미디어, 1997)

11   지크문트 프로이드, 《꿈의 해석》(이환 옮김, 돋을새김, 2014)

12   알프레드 아들러, 《아들러의 말》(정명진 옮김, 부글북스, 2017)

13   헤르만 헤세, 《헤세의 인생공부》(김정민 옮김, 북로그 컴퍼니, 2020)

14   김선경, 《누구나 시 하나쯤 가슴에 품고 산다》(메이븐, 2019)

15   아잔 브람, 《술취한 코끼리 길들이기》(류시화 옮김, 연금술사, 2013)

16   아놀드 비틀링어, 《칼융과 차크라》(최여원 옮김, 슈리 크리슈나 다스 아쉬람, 2010)

17   F. W 니체, 마르틴 하이데거, 《니체의 신은 죽었다》(강윤철 옮김, 스타북스, 2013)

18   tvN 드라마 <미스터 선샤인>(연출 이응복, 극본 김은숙, 2018)

19   아디야 샨티, 《춤추는 공》(유영일 옮김, 북북서, 2008)

20   에크하르트 톨레, 《지금 이 순간을 즐겨라》(김미옥 옮김, 양문 출판사, 2002)

21   정창영 편역 《우파니샤드》(무지개다리너머, 2016)

22   롭상 람파, 《롭상 람파의 가르침》(이재원 옮김, 정신세계사, 2018)

23   류시화, 《신이 쉼표를 넣은 곳에 마침표를 찍지 마라》(더숲, 2019)

24   맥 칸, 《사랑 사용법》(유영일 옮김, 정신세계사, 2017)

25   마이클 싱어, 《될 일은 된다》(김정은 옮김, 정신세계사, 2016)

26   람 다스, 《신에 이르는 길》(이근형 옮김, 정신세계사, 2008)

27   미하엘 하우스 켈러, 《인간은 왜 살아야 하는가》(김재경 옮김, 추수밭, 2020)

28   법상, 《내 안에 삶의 나침판이 있다》(아름다운 인연, 2016)

29   박진여, 《당신, 전생에서 읽어드립니다》(김영사, 2018)

30   윤미솔 글, 장성은 그림, 《첫 번째 초대》(떠도는 섬, 2021)

31   지나 서미나라, 《윤회》(강태헌 옮김, 파피에, 2020)

32   탁닛한, 《지구별 모든 생명에게》(정윤희 옮김, 센시오, 2022)

33   리 캐롤, 《집으로 가는 길》(오진영 옮김, 샨티, 2014)

34   박진여, 《당신의 질문에 전생은 이렇게 대답합니다》(김영사, 2020)

35   기시미 이치로, 고가 후미타케, 《미움받을 용기》(전경아 옮김, 인플루엔셜, 2014)

36   라라 E. 필딩, 《홀로서기 심리학》(이지민 옮김, 메이븐, 2020)

37   영화 <안나>(뤽 베송 감독, 2019)

38   블라지미르 메그레, 《아나스타시아》(한병석 옮김, 한글샘, 2007)

39   키리아코스 C. 마르키데스, 《지중해의 성자 다스칼로스 1》(이균형 옮김, 정신세계사, 2007)

40   실버 버치, 《실버버치의 가르침》(김정준 옮김, 정신세계사, 2020)

41   앤 클라크, 카렌 조이, 조안 셀린스케, 마를린 하그리브스, 《영혼들의 지혜》(박윤정 옮김, 나무생각,
      2022)

42   조셉 베너, 《영혼의 출구》(오인수 옮김, 빛 출판사, 2012)

43   레너드 제이콥슨, 《현존》(김상환, 김윤 옮김, 침묵의 향기, 2010)

44   해리 G. 프랭크퍼트, 《개소리에 대하여》(이윤 옮김, 필로소픽, 2016)

45   막달라 마리아, 《초기 기독교 여성 지도자들》(김재현, 정경미 옮김, 키아츠, 2019)

46   영화 <해어화>(박흥식 감독, 2016)

47   돈 미겔 루이스, 《네 가지 약속》(유향란 옮김, 김영사, 2012)

48   아니타 무르자니, 《그리고 모든 것이 변했다》(황근하 옮김, 샨티, 2022)

49   조성호, 《말씀으로 살아계신 예수 도마복음》(심지, 2020)

50   다카하시 신지 《우리가 이 세상에 살게 된 7가지 이유》(김해석 옮김, 해누리, 2000)

51   법구, 《법구경》(석지현 옮김, 민족사, 2016)

52   맨리 P. 홀, 《환생, 카르마 그리고 죽음 이후의 삶》(윤민, 남기종 옮김, 마름돌, 2019)

53   제이지 나이트, 《람타》(유리타 옮김, 아이커넥, 2011)

54   쇼펜하우어, 《쇼펜하우어 인생론》(김재혁 옮김, 육문사, 2012)

55 영화 <킹덤>(피터버그 감독, 2007)

56 실버 버치,《영계로부터의 메시지》(박금조 편저, 심령과학출판사, 1991)

57 네빌 고다드,《리액트》(이상민 옮김, 서른세개의 계단, 2020)

58 레스터 레븐슨, 헤일 도스킨,《세도나 마음혁명》(아눌라 옮김, 쌤앤파커스, 2016)

59 법구,《법구경》(석지현 옮김, 민족사, 2016)

60 사토 덴,《50부터 운을 내편으로 만드는 좋은 습관》(강성욱 옮김, 문예춘추사, 2020)

61 다릴 앙카,《가슴 뛰는 삶을 살아라》(류시화 옮김, 나무심는사람, 1999)

62 베어드 T. 스폴딩,《초인들의 삶을 찾아서 2》(정진성 옮김, 정신세계사, 2008)